米芾评传

中国历代书法家评传

何炳武 王永莉 著

陕西新华出版

太白文艺出版社·西安

图书在版编目（CIP）数据

米芾评传 / 何炳武，王永莉著. -- 西安：太白文
艺出版社，2018.6（2023.6重印）
（中国历代书法家评传 / 何炳武主编）
ISBN 978-7-5513-1268-4

Ⅰ. ①米… Ⅱ. ①何… ②王… Ⅲ. ①米芾（1051-1107）－评传 Ⅳ. ①K825.72

中国版本图书馆CIP数据核字(2017)第185190号

米芾评传
MI FU PINGZHUAN

作　　者	何炳武　王永莉
责任编辑	李明婕
封面设计	可　峰
出版发行	太白文艺出版社
经　　销	新华书店
印　　刷	三河市同力彩印有限公司
开　　本	787mm×1092mm　1/16
字　　数	174千字
印　　张	13.75
版　　次	2018年6月第1版
印　　次	2023年6月第3次印刷
书　　号	ISBN 978-7-5513-1268-4
定　　价	42.00元

联系电话：029-81206800
出版社地址：西安市曲江新区登高路1388号（邮编：710061）
营销中心电话：029-87277748　029-87217872

序

陕西省书法家协会名誉主席　雷珍民

陕西古为雍、梁之地，又称三秦大地，纵贯南北，连通东西，位于中国地理版图的中心区域。在整个周秦汉唐时期，关中地区都是古代中国政治、经济、文化的中心。数千年来，悠久的历史、厚重的文化，为陕西书法的不断发展繁盛、经久不衰提供了充足的营养。

在三秦文化肥沃的土壤之上，历代书法名家辈出，传世的精品碑帖不计其数。商周时期的青铜器铭文、先秦时期的石鼓文、西安碑林所藏的秦李斯《峄山碑》、汉熹平石经《周易》残石、《曹全碑》《大唐三藏圣教序碑》《道因法师碑》《颜勤礼碑》《颜家庙碑》《多宝塔感应碑》《玄秘塔碑》等皆堪称书坛瑰宝。众多作品中仍以隋唐时期为盛。隋代的智永，初唐时期的欧阳询、虞世南、褚遂良、薛稷，中晚唐时期的颜真卿、柳公权都是绝贯古今、声名显赫的书法大家。陕西因此而享有"书法的故乡"之美誉，声闻海内外。

改革开放之后，随着社会经济文化的不断发展，中国传统文化逐渐复兴，书法作为中国传统文化中最有特色的一门艺术也获得了长足的发展。一方面，在传统文化全面复兴的大潮下，书法有了更广泛的群众基础。由于书法在塑造完美人格、培养高尚优雅审美情趣等方面有着不可替代的作用，也越来越受到社会各界的认可。业余书法爱好者的数量迅速增加，书法艺术群众化、民间化的趋势日益明显。另一方面，从事书法研究的专业队伍不断壮大。整个陕西书法界呈现出百花齐放、百家争鸣的良好态势。陕西的书法家们通过作品展览、专题讲座、理论研讨等多种形式积极弘扬传统书法艺术,推动陕西书法事业的不断发展。书法研究者能够潜心钻研书法,发表论文,出版专著,举办展览,开坛讲学,在理论、实践等方面都取得显著成绩的同时,也将陕西书法的声誉和影响拓展到三秦大地之外更为广阔的领域中去。

近年来,专业人员积极投身书法理论研究,将书法的专业研究与群众普及结合起来,扩大陕西书法群众基础,推动陕西书法进入了新阶段。为了更好地传承祖国的书法艺术,陕西省社科院中国书画研究中心何炳武主任主编了《陕西书法史》。这套书出版后引起了较大的社会反响,对深入认识陕西书法、普及书法发挥了重要的作用。

现在,陕西省社会科学院中国书画研究中心又撰写了"中国历代书法家评传"丛书。他们选择中国书法史上最具代表性的书法大家作为研究对象,通过多种渠道搜集相关文献资料,进行深入的个案研究。其研究视角不仅仅关注书法家书法风格形成的历史背景及时代风貌,更注重其书法思想、理论的研究,关注书法家对前代的继承、创新和对后世的影响,将书法家的人生经历、时代背景与其书法创作紧密联系起来。这样的研究方法突破了传统研究中书家与书作相分离的局限,也为书法研究开辟了一条崭新的道路。

"没有高度的文化自信,就没有中华民族的伟大复兴。"十九大以来,随着中华民族伟大复兴进程的加快,更好地传承中国优秀传统文化,深入挖掘中华优秀传统文化的内蕴,是摆在我们面前最重要的任务,也是每一个学人在新时代下的责任。我认为,这套丛书的陆续出版,对于推动陕西书法事业的发展和弘扬祖国优秀的传统文化都具有重要的意义。

是为序。

2017 年 10 月 16 日

目录

第一章　家世生平

960 年，后周的殿前都检点赵匡胤，在开封城北二十里发动"陈桥兵变"黄袍加身，改国号为"宋"，建立"宋"政权，史称北宋。

宋仁宗（1010–1063）时期，北宋已经历近百年的发展，其时，官僚机构空前膨胀，行政效率低下，禁军数目达到八十万之多，这些成为北宋政府沉重的政治、经济负担。为了改变官僚、军事机构的繁冗状况与长期以来的积贫积弱现象，缓解财政压力，富国强兵，庆历三年（1043），宋仁宗任用范仲淹、韩琦、富弼、欧阳修、蔡襄等人实施以"兴致太平"为主要目的的变法，史称"庆历新政"。

范仲淹、韩琦、富弼等人经过深思熟虑之后，提出了以整顿吏治为中心内容的改革方案，即明黜陟、抑侥幸、精贡举、择官长、均公田、厚农桑、修武备、减徭役、覃恩信、重命令等。欧阳修、蔡襄等人也纷纷上疏言事，其中大部分内容都得到了宋仁宗的支持与采纳。庆历四年（1044）三月，宋仁宗又下令重新修订科举法。此外，还颁布减徭役、废并县、减役人等诏令。

但是，"庆历新政"触犯了贵族官僚的经济、政治利益，遭到他们的极力阻挠与疯狂报复。他们大肆散布谣言，伪造证据，诬陷改革派要另立新君。范仲淹、富弼等人无法自辩，只能请求外任以证清白。

庆历四年（1044）六月，范仲淹自请出任陕西、河东路宣抚使，其《岳阳楼记》所谓的"庆历四年春，滕子京谪守巴陵郡"，描写的其实就是"庆历新政"后期的政治情景。八月初，富弼亦被迫自请出任河北宣抚使。一大批改革派官员相继被排斥出朝廷，各项改革也被废止。庆历五年（1045）正月，辽使至东京告辽夏战争结束以示友好，来自北方游牧民族的威胁相继解除。宋仁宗认为天下已太平，遂罢去范仲淹参知政事、富弼枢密副使之职，任命守旧派贾昌朝、陈执中接替杜衍、章得象为宰相，"庆历新政"最终失败。"庆历新政"失败后，北宋政府陷入更深的社会危机中，庞大的官僚机构、军事设置与繁重的赋税徭役等问题越来越严重。

为了杜绝唐代藩镇割据的重演，北宋实行"重文轻武"的基本国策。这种国策，虽然从一定程度上削弱了北宋王朝的国防力量，致使北宋在与辽、夏、金等北方游牧政权的对峙中处于下风，但是却有效促进了北宋王朝在经济、文化、思想等方面的繁荣发展，因此，相比于北宋王朝在和周边民族政权交往中的弱小与劣势，北宋时期的经济、文化、思想等领域却呈现出一派繁荣景象。

宋朝建国后，大力倡导儒学，大规模推行科举制，文人政治地位明显提高，彻底打破了魏晋南北朝以来森严的门阀制度，涌现出了一批谨守儒学伦理道德的节义之士，儒家伦理道德观念迅速成为北宋的社会主流意识形态。

米芾像

北宋以来，朝廷大开科举取士之门，大凡文人们通过科举考试，即可授官。文人政治地位明显提高，参政议政意识亦随之增强，他们将自己视作朝廷政治的一分子，"居庙堂之高，则忧其民；处江湖之远，则忧其君"，时刻关注着国计民生。开明的文化制度与明显提高的政治地位，促进了宋代文人的创新、开拓精神的发展。同时，宋代"重文轻武"的基本国策所导致的国势衰落、积贫积弱，又使得宋代文人致力于追求精致内敛自我提升的精神世界，再加上儒、释、道三教的盛行，更加剧了这种流风。缪越先生曾这样分析北宋的文化特征："宋代国势之盛，远不及唐，外患频仍，仅谋自守，而因重用文人之故，国内清晏，鲜有悍将骄兵跋扈之祸，是以其时人心，静弱而不雄强，向内收敛而不向外扩发，喜深微而不喜广阔。"① 米芾就出生在这样一个内忧外患危机四伏的时代。

米芾是北宋著名的书法家、画家、书画理论家，历任校书郎、书画博士、礼部员外郎。然综观米芾一生，青年时因母亲阎氏为宋英宗宣仁皇后乳娘之故而出仕秘书省校书郎，与传统的科举入仕的文人不同，故颇受时人诟病，一生所任官职皆下级官吏，仕途始终难称平达。

米芾天资高迈，能诗文、善书画、精鉴别、长临摹。其不蹈袭前人轨辙，自成一家，王安石曾摘录米芾诗句于扇面之上。米芾行、草书学习于王献之，用笔俊迈豪壮，有"风樯阵马，沉着痛快"之誉，与蔡襄、苏轼、黄庭坚合称"宋四家"。其所画山水人物，并不追求工细精巧，大多以水墨点染，自称"信笔作之，多以烟云掩映树石，意似便已"②，堪称古代山水写意画的典型画家。其子米友仁，继承其画法，自称"墨戏"，史称"米家山""米氏云山"，号称"米派"。偶尔亦作松、菊、梅、兰等花卉画，晚年则兼画人物，自称"取顾（恺之）高古，不使一笔入吴生（道子）"，其自得之意溢于言表。其精于鉴裁，凡遇古器物书画，定然极力求取，必得之而后快。兼长于临摹他人书画，常混淆真假，外人难辨。以米芾之天资才艺，有宋百年之间罕有匹敌者，然其人物萧散，好洁成癖，多蓄奇石，行为怪诞，独行于世，故世人以癫狂视之，世称"米颠"。

宋仁宗皇祐三年（1051），米芾出生于湖北襄阳。米

---

① 缪钺：《论宋诗》，转引自《金明馆丛稿》，上海古籍出版社，1980 年。

②③〔北宋〕米芾：《画史》，转引自《米芾集》，湖北教育出版社，2002 年。

氏祖籍太原，后迁至湖北襄阳，至其父时又迁至镇江丹徒，故世人皆以米芾为吴人。"自高曾以上多以武干官显"①，相传米芾的五世祖叫米信，生于后唐庄宗李存勖同光四年（926），北宋开国大将，旧名米海进，出自东北奚族，以畜牧、狩猎为生，年轻时即以善射闻名于世。后周太祖郭威即位后，隶属于北周护圣军。郭威去世以后，米信又随周世宗柴荣征伐高平，以军功封龙捷散都头。殿前都检点赵匡胤统领禁军时，引为心腹股肱亲信，遂改名米信。陈桥兵变后，米信官补殿前指挥使，此后历任内殿直指挥使、领郴州刺史、散都头指挥使、领高州团练使、保顺军节度使等职。宋太宗雍熙三年（986），北宋征幽、蓟诸州，米信为幽州西北道行营马步军都部署，先大败契丹于新城，契丹聚众围城，宋军不敌，米信乃率麾下龙卫卒三百人迎敌，杀出重围，部下仅余百余骑。因损失兵将惨

米公祠

---

① 〔北宋〕蔡肇：《米元章墓志铭》，转引自《米芾集》，湖北教育出版社，2002年。

重，按律当斩，而以功勋得免，迁右屯卫大将军。淳化三年（992）卒，享年六十七岁，官赠横海军节度。其四世祖即米继丰，曾任内殿崇班、阁门祗候等武职。其高祖、曾祖、祖父之名皆不闻于史，或皆为武将而官微权轻，或与北宋"重文轻武"的国策有关，不得而知。

米芾之父米佐，字光辅，官至左武卫将军，赠中散大夫、会稽（县）公。有学者根据米芾之孙米宪辑录的《宝晋斋山林集拾遗》卷首所附《故南宫舍人米公墓志》，以为其中的"父致仕，左武卫将军"，是后人讹"致仕"之"仕"为"佐"又脱"致"字所致。① 北宋画家蔡肇《米元章墓志铭》记曰："父光辅，始亲儒嗜学。"② 米芾《书史》对此亦有相关记载，其曰："濮州李丞相家多书画，其孙直秘阁李孝广收右军黄麻纸十余帖，一样连成卷。字老而逸，暮年书也。略记其数帖辞，一云'白石枕殊佳物，深感卿至'；一云'卿事时了，甚快。群凶日夕云云，此使邺下一日为战场，极令人惆怅，岂复有庆年之乐耶？思卿一面，无缘，可叹可叹'；一云'九日以当力见'；一云'重熙八日过信安'；一云'祠物当治护，信到便遣来，忽忽善错也'；一云'谢书云云，今送'；一云'鹘等不佳，令人弊见此辈。吾衰老，不复堪此'，余不记也。后有先君名印，下一印曰'尊德乐道'。今印见在余家。先君尝官濮，与李柬之少师以棋友善，意以弈胜之，余时未生。"③ 根据米芾此记，可知米芾尚未出生之时，其父曾在濮州做官，与李柬之交谊甚深，李丞相家收藏的王羲之字帖十余幅，其中有一幅称为白石枕的字帖之后钤有其父名字的印鉴，其下还有一方"尊德乐道"之印。可见，米芾之父不仅精于鉴赏书画，且于棋道亦多有研究。

---

① 徐邦达：《米芾生卒年岁订正及其他二三事考》，转引自《历代书画家传记考辨》，上海人民美术出版社，1983年。

② 〔北宋〕蔡肇：《米元章墓志铭》，转引自《米芾集》，湖北教育出版社，2002年。

③ 〔北宋〕米芾：《书史》，转引自《米芾集》，湖北教育出版社，2002年。

米氏一门以军功起家，世代担任武职，北宋初年因平复各地割据势力与周边少数民族政权之需要，尚有用武之地。及至宋仁宗以后，宋与夏、金议和，以"岁币"求和平，武将们立功无门，自然地位渐低，米芾之父因此而"亲儒嗜学"也是情理之中的事情。

关于米芾的母亲阎氏，史书记载不详，大抵为宋英宗宣仁皇后乳母，《宋史》本传曰："以母侍宣仁后藩邸旧恩，补浛洸尉，历知雍丘县、涟水军、太常博士、知无为军。"① 佚名《京口耆旧传》曰："母阎氏与宣仁后有藩邸之旧。"宋末庄绰著《鸡肋篇》亦有米芾之母"出入禁内，以劳补其子为殿侍"的记载。南宋著名诗人杨万里《诗话》亦曰："盖元章母尝乳哺宫内。"光绪《丹徒县志》云："母侍宣仁后，藩邸旧恩。"民国《襄阳县志》亦云："母阎氏，赠丹阳县君。"米芾之母曾为宋英宗高皇后之乳母（亦有云产婆者），米芾以此得补浛洸县尉，官秩虽低，但其以母荫裙带关系而非科举才学入仕，在当时颇受那些只能凭借科举入仕的文人学士们的非议与贬低，上引杨万里《诚斋诗话》记载："润州大火，惟留李卫公塔、米元章庵。米题云：'神护卫公塔，天留米老庵。'有轻薄子于塔、庵二字上添注'爷''娘'二字。元章见之大骂。轻薄子又于塔、庵二字下添'飒''糟'二字，改成'神护卫公爷塔飒，天留米老娘庵糟。'"有学者认为"塔飒"意为拙劣，"庵糟"意即肮脏。② 事实上，米芾此题的确有自得之意，轻薄子取笑亦有刻薄尖酸之嫌。笔者以为，轻薄子修改题记之意，或许一来想取笑米芾的自以为是，二来说不定也有点吃不着葡萄说葡萄酸的味道。原因是"飒"亦可作衰败、凋零之意，"糟"也可解释为无用；况且米芾之母阎氏做过宣仁皇后的乳母，而米芾以此

---

① 〔元〕脱脱：《宋史》卷四四四《米芾传》，中华书局，2000 年。
② 沃兴华：《米芾书法研究》，上海古籍出版社，2006 年。

明孙克弘《海岳庵图》

入仕之事充其量算走后门，虽有违宋代科考选举制度所尊
崇的公平原则，但远称不上肮脏。米芾因此事大为震怒则
从侧面证明，米芾本人非常在意他自己依靠母亲的关系而
非通过科举光明正大地入仕为官这个事实。清人曹斯栋著
《稗贩》卷八亦云"吕居仁戏呼米芾为米老娘"。按：吕
居仁者，即吕本中，其曾祖吕公著为元祐间宰相，祖父吕
希哲为北宋著名教育家，历任兵部员外郎、光禄少卿等
职，为朝中栋梁。吕本中以曾祖吕公著遗表恩授承务郎，
其取笑米芾之举恐怕亦有自嘲之意。

　　事实上，在北宋"重文轻武"国策的影响下，科举制
度非常完善，文人学士多依靠科举晋身。据《宋史·选举
一》记载，自北宋开国到宋仁宗嘉祐年间，每年在京城东
京等待应试之人往往在六七千人之多，数量超过唐代时期

的几倍，其竞争激烈之程度绝不亚于千军万马过独木桥。倘若应试成功，则一朝成名天下知，即可顺利进入统治阶层，或修身齐家治国平天下，或升官发财光宗耀祖；倘若不幸名落孙山，则唯有返乡继续苦读，等待他日再来应试。依靠祖荫、关系而入仕者，往往自恃祖辈位高权倾，不知稼穑之苦，不用读书之功，不学无术者众矣。应试举子们大多自儿时便开始寒窗苦读，熟记四书五经，精通六艺，满腹经纶，其中苦辛自非常人可比，面对那些可依靠祖荫、关系，轻松入仕之人，自然是又羡慕又痛恨，然而羡慕终归改变不了自己的贫寒出身，于是乎，唯有痛恨。然而痛恨也无济于事，于是便借着自己的寒窗苦读与满腹经纶来蔑视他们了。至于那些通过科举晋身的官员们，则与那些依靠祖荫、关系入仕者同朝为官，出身自无法与之相提并论，所值得称道的也只有科考入仕这一条。因此，在笔者看来，宋代举子无论应试成功与否，似乎都有资本取笑那些依靠祖荫、关系入仕之人。这也是米芾终生受士人冷眼的主要原因。

不过，宋人笔记中也有关于米芾以母荫补官以后登进士第的说法，如庄绰《鸡肋编》卷上即记曰："米芾元章，或云其母本产媪，出入禁中，以劳补其子为殿侍，后登进士第。"此记与《宋史》不符，按米芾一生"不喜从科举学"，并未参加科举考试，登进士第之说明显有误。而且依照米芾的癫狂执拗心性，恐怕也不会去参加科举考试。

但是，米芾依靠母亲的关系入仕之事，就像一块与生俱来的胎记，始终伴随并困扰了米芾一生。宋哲宗元符三年（1100），当时米芾已经年近五十，他写信给蒋之奇求职说："今老矣，困于资格，不幸一旦死，不得润色帝业，黼黻皇度……愿明天子去常格料理之。"[①] 很明显，米芾深知这种非常规的入仕方式严重影响了他的仕途发展，久久

---

① 沃兴华：《米芾书法研究》，上海古籍出版社，2006 年。

而不得升迁，因此寄希望于"明天子"能破格迁转，但是，科举制度为封建统治之根本，沿袭数百年之久，国人传统思维根基亦深，即便有"明天子"慧眼识英才，又岂能在短时期内改变文人们的传统看法。

宋徽宗崇宁五年（1106），米芾因书画才能出众，受诏为书画两院博士，面圣机会渐多，且宋徽宗本人即精擅书画，遂引为知音，自此官运渐通。崇宁六年（1107），官迁礼部员外郎，虽官秩仍不过七品，但就米芾而言，近三十年间不断迁徙，频繁时甚至每两年就换个地方，且官秩大多是些无关紧要的芝麻绿豆小官，此时官升七品无疑是件令人喜出望外的事情。可惜的是，米芾尚未来得及就任，便有言官上奏弹劾表示反对，理由之一就是其出身问题，"仪曹，春官之属，士人观望则效之地。今芾出身冗浊，冒玷兹选，无以训示四方。"① 说直白一点，其实就是有言官认为礼部员外郎一职管理国家学校事务、科举考试及藩属、外国往来之事，职责所在，关系重大，一举一动皆为士人们关注、效仿，必须选任贤能清正之人，方能垂范国体，如果任用像米芾这种依靠母荫入仕之人，势必有碍朝廷威信，亦恐失天下士子之心。宋徽宗以为此奏颇有道理，遂罢其官，出贬淮阳军知州。数月之后，极度失落的米芾郁郁而终，年仅五十七岁。假设庄绰所云米芾登进士第之说不虚，所谓的"困于资格""出身冗浊"之语就不可能存在。

米芾虽然因母亲关系而出仕，但米氏一门至其父米光辅时即已潜心向学且尊德乐道，因此，对儿子的教育也非常重视。加上米芾自幼聪慧，有"生而颖秀"之誉，《京口耆旧传》亦记曰："六岁，日读律诗百首，过目即成

---

① 〔南宋〕吴曾：《能改斋漫录·记事一》，转引自沃兴华《米芾书法研究》，上海古籍出版社2006年。

诵。"① 试想，一个六岁的孩子，即可每日朗读律诗百十首，且能过目成诵，其自幼天资聪颖自无疑问。成年后更博览群书博闻强记，"为文奇险，不蹈袭前人轨辙"②，为文奇谲险特，自成一家，诸如王安石之辈尚且摘录米芾诗句书于扇面之上，朝夕赏读，其文采可见一斑。苏轼堪称北宋文学艺术之全才，对米芾也是非常器重，称赞米芾有"迈往凌云之气，清雄绝俗之文"，常卧闻儿子朗诵米芾之《宝月观赋》而跃然而起，"恨二十年相从知元章不尽"③，其推崇欣赏之意不言而喻。今《全宋诗》《全宋词》中仍保存有米芾所作诗词多首，诸如"楚天秋色太多情，云卷烟收风定""宇宙若萍浮，醉困不知醒，敧枕卧江流"之类的佳句比比皆是，其文采才情绝不亚于那些科举入仕之官员，因出身"冗浊"而遭受文人学士之讽刺、排挤实在是冤莫大矣。然而，时过境迁，我们自然不能因为当时文人学士对米芾出身的不满而苛责古人的刻薄，毕竟这种以出身论人品、才学的行为准则与评判模式的产生和北宋时期特定的官吏选拔制度、文化背景密切相关，非一人之过也。

米芾六岁时即已日读律诗百首，七八岁开始习书，初学颜体。据南宋诗论家、词人葛立方著《韵语阳秋》所说："元章始学罗逊书，其变出于王子敬。"罗逊，北宋襄阳人，原名罗让，字景宜，后人避宋英宗名讳称为罗逊，善书，其所书《襄阳学记》最有名，米芾初习书时曾效罗逊《襄阳学记》之笔法，后加创新，乃成自家风格。清人翁方纲著《米海岳年谱》，曾曰："五年庚子，手帖云：余年十岁，写碑刻，学周越、苏子美札，自成一家，人谓有李邕笔法，闻而恶之。"④ 五年庚子，即宋仁宗嘉祐五年

① 佚名《京口耆旧传》，转引自《米芾集》，湖北教育出版社，2002 年。
② 〔元〕脱脱：《宋史》卷四四四《米芾传》，中华书局，2000 年。
③ 佚名《京口耆旧传》，转引自《米芾集》，湖北教育出版社，2002 年。
④ 〔清〕翁方纲：《米海岳年谱》，转引自《米芾集》，湖北教育出版社，2002 年。

（1060），此时，米芾年方十岁，开始临写碑刻，兼习周越、苏子美等人之信札笔法，逐渐形成了自己的风格，时人称其有李邕之风，而米芾对此则颇为懊恼。

周越，生卒年月不详，字子发，一字清臣，山东邹平人，真宗时礼部侍郎枢密副使周起之弟。历任国子监博士、膳部员外郎知国子监书学、三门发运判官、吏部司勋员外郎、主客郎等职，虽官微秩低，却丝毫不影响其书法艺术造诣。除前引米芾"学周越、苏子美札"之言以外，黄庭坚亦称"予学草书三十余年，初以周越为师"，而章惇亦曾有"蔡襄少年时，以

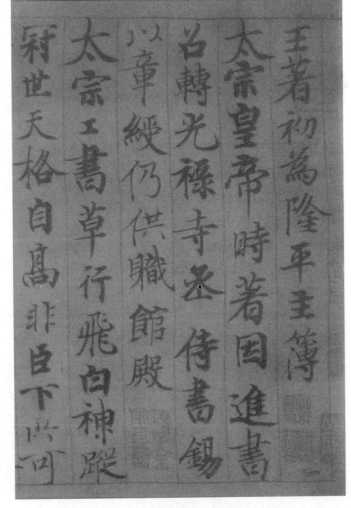

北宋周越跋王著草书《千字文》（局部）

周越为师"之说。如此说不虚，则北宋书坛著名领军人物"宋四家"中，黄庭坚、米芾、蔡襄等三家即出自其门下。位居"宋四家"之首的艺术全才苏轼也一再称颂周越之书艺，称"草书非学聊自娱，落笔已唤周越奴"，周越之书艺对北宋书坛的影响可谓大矣。事实上，北宋初期的书坛以沿袭唐、五代书风为主，因循守旧，几无创新。宋神宗前后，方有苏轼、黄庭坚、米芾、蔡襄四家声名鹊起，近百年间唯周越可当承上启下之才。可以说，周越是沟通中国书法的鼎盛与沉寂之间的桥梁，是衔接中国书法艺术历

史断层的伟大功臣。周越不仅书艺精湛，而且兼擅诸体，真、草、行、隶皆中规中矩，落笔刚劲，字字珠玑，韵味天成。其草书尤佳，法度宛然。

苏舜钦（1008-1048），字子美，祖籍梓州铜山（今四川中江），后迁居开封（今河南汴梁）。历任大理评事、集贤殿校理、监进奏院等职，是"庆历新政"的拥护者之一，为守旧派所排挤罢职，后闲居苏州，与梅尧臣齐名，人称"梅苏"，是北宋中期著名诗人。其善草书，尤善酒后狂草，世人争相收藏，曾补唐怀素《自叙帖》。米芾生性狂傲，其《书史》列举王献之《十二月帖》时，却尊称苏舜钦为"国老才翁"，其尊崇敬仰之情可见一斑。米芾年少时即习周越、苏舜钦之信札笔法，故其行、草书当有狂逸之气。而以时人有李邕笔法相誉推断，恐亦不乏沉稳雄劲之风。

关于米芾的婚姻，史料均未记载，然根据曹宝麟先生考证的米友仁出生于宋神宗熙宁七年（1074）来推断，米芾娶妻至迟当在熙宁六年（1073）前后。米芾一生，据说有三子二女，亦有八女之说，仅长子米友仁名显于世，其余皆无事迹流传，诚为可惜。

米友仁，即米芾常提及之尹仁，小名尹仁、寅孙、鳌儿，字元晖，自称懒拙老人。力学嗜古，亦善书画，世号小米。仕至兵部侍郎、敷文阁直学士。米芾对其非常喜爱，称其文采过人，颇能承继其文风。米友仁初应科考之时，米芾专门作诗《送大郎应举（尹仁）》："天下英才米大郎，朝来跨马入文场。绪余惊世须魁选，归带蟾宫桂子香。"[1] 称子为天下英才，自得之意溢于言表。《海岳题跋》收《跋烟峦晚景卷》曰："昔兄尝赴吴江宰，同僚语曰：'陈叔达善作烟峦云岩之意。'吾子友仁亦能夺其善。

---

[1] 〔北宋〕米芾：《送大郎（尹仁）应举》，转引自《米芾集》，湖北教育出版社，2002年。

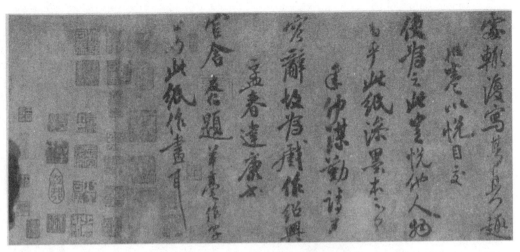

北宋米友仁《潇湘奇观图题跋》（局部）

昨晚出局伯过新家，出近景烟云之状，友仁得其意耳。襄阳老人漫题。"① 陈叔达（573—635），字子聪，吴兴长城（今浙江长兴）人，陈宣帝顼之第十七子。善容止，颇有才学，提笔成诗，亦颇善书画。米芾称米友仁之画能夺陈叔达之善，颇有以其画技为傲之意。

米友仁善书画，亦颇具鉴赏之能，但亦因鉴评书画欠缺公允而为后人诟病。米友仁晚年深受高宗赏识，常居近侍，出入禁宫，奉命鉴定入宫书画作品，在鉴辨内府书画时，"往往有一时附会迎合上意者"。鉴评一行，最讲究实事求是，如果说米芾收藏之法帖字画中有赝品之事，或许与米芾技艺不精偶尔走眼有关，那么米友仁这种曲意逢迎，弃客观真假不顾的做法则犯了鉴评行家之大忌，这也难怪元代汤垕的《画鉴》要特别提醒后人"鉴者不可不知也"。

至于次子、幼子，除米芾记述稍及外，史书无载。米芾《题赠叔晦》诗记曰："叔晦之子道奴、德奴、庆奴，仆之子鳌儿、洞阳、三雄。"② 据此，长子鳌儿即米友仁，

---

① 〔北宋〕米芾：《跋烟峦晚景卷》，转引自《米芾集》，湖北教育出版社，2002年。

② 〔北宋〕米芾：《题赠叔晦》，转引自《米芾集》，湖北教育出版社，2002年。

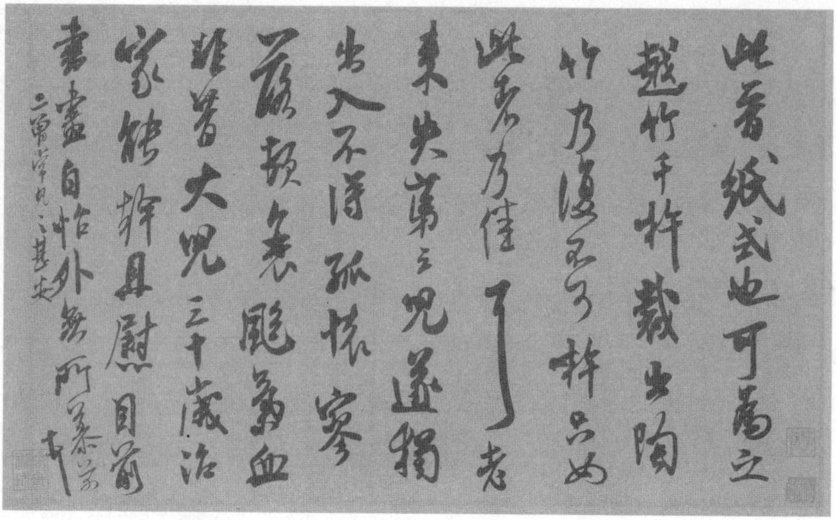

北宋米芾《晋纸帖》

次子洞阳或许即米诗中所指之尹智，幼子三雄。米芾有词
《点绛唇·示儿尹仁尹智》，《海岳名言》亦曰："江南吴
峘、登州王子韶，大隶题榜，有古意。吾儿尹仁，大隶题
榜，与之等。又幼儿尹智，代吾名书碑，及手大字，更无
辨。门下许侍郎，尤爱其小楷，云每小简，可使令嗣书，
谓尹知也。"① 岳珂《宝晋斋法书赞》卷十九载米芾某帖
云："能书第二儿，二十岁化去，刳吾心肝，至今皓首之
由也。"笔者推测，米芾所谓之能书第二儿，当即上述尹
智，又名洞阳。否则，幼时即能代米芾之名书碑，大字更
可乱真，外人难辨真假，小楷亦精通，深得徐侍郎之赏
识，成年后岂能默默无闻乎？若米芾所云幼儿尹智善书之
言不虚，成年后之书名当不逊于长子米友仁，缘何书名不
见于经传，英年早逝恐怕是最合理的解释。米芾《晋纸
帖》中又云："老来失第三子。"第三子或许就是"三
雄"，史书无记，米芾诗文中亦不见提及，或许幼年即已
夭亡亦未可知。

　　《点绛唇·示儿尹仁尹智》中曰："莘野寥寥，渭滨漠
漠情何限。万重堆案，懒更重经眼。儿辈休惊，头上霜华

---

① 〔北宋〕米芾：《海岳名言》，转引自《米芾集》，湖北教育出版社，2002 年。

满。功名晚，水云萧散，漫就驿亭看。"① 此词创作时间不详，但从"头上霜华满"句推测，当时米芾已是中年，白发丛生。

另有二子不详，或为二女。南宋陈鹄所写的《耆旧续闻》中记载："世传米芾有洁癖。方择婿，会建康段拂字去尘。芾曰：'既拂矣，又去尘，真吾婿也。'以女妻之。"米芾的择婿标准可谓奇特，仅凭字号合乎己心便替女儿定下亲事，完全不顾此人的道德品质、学问节操，其随心所欲之性情可见一斑。清代王士禛的《池北偶谈》则曰："段拂、吴激皆米元章婿。拂南渡后仕至参知政事。激字彦高，入金为翰林学士，乐府与蔡松年齐名。"

米芾原名米黻，后改为米芾，但关于米芾改名的时间，可谓历史公案，古往今来众说纷纭。清翁方纲关于米芾元祐六年（1091）改"黻"为"芾"的说法，曾为学界公认。当代著名书画鉴定家徐邦达曾提出不同意见，认为翁氏所依据的史料并不能证明其观点正确，对米芾改名时间持客观审慎态度。② 朱亮亮的《翁方纲关于米芾改名的论断有误——米氏"黻""芾"改名考辨》③ 一文，遍引后世学者如明代张丑、清代翁方纲、当代徐邦达等学者之说后指出，据米芾《九隽老会序》有"以芾倦游四海……顾芾何堪"④ 等语，米芾改"黻"为"芾"的时间当在元丰八年（1085），期间存在"黻""芾"并用的情况。翁方纲所谓的米芾改名时间在元祐六年（1091）的论

---

① 〔北宋〕米芾：《点绛唇·示儿尹仁尹智》，转引自《米芾集》，湖北教育出版社，2002 年。

② 徐邦达：《米芾生卒年订正及其他二三事考》，转引自《历代书画家传记考辨》，上海人民美术出版社，1983 年。

③ 朱亮亮：《翁方纲关于米芾改名的论断有误——米氏"黻""芾"改名考辨》，《南京艺术学院学报》，2007 年 2 月。

④ 〔北宋〕米芾：《九隽老会序》，转引自《米芾集》，湖北教育出版社，2002 年。

断有误，原因是他混淆了"自元祐六年辛未，'以芾字行'"与改名米芾，认为"以芾字行"就是改名米芾，其实不然。

《米芾集》中有一条与米芾名字有关的记载："𦬇，芾名，连姓合之，楚姓米，𦬇是古字，屈下笔乃芾字，如三代芥芥大夫字合刻印记之义。元祐中为左藏隰守刘季孙跋题。"① 事实上，𦬇为春秋时期楚国祖先的族姓，米芾以楚人自居，常自署楚国米芾（黻），又嗜古，故使用𦬇姓。此处米芾自释"芾"乃𦬇字屈下笔而成，取三代时期芥芥大夫字合刻印记之义，也是米芾彰显个性的方式。刘季孙（1033—1092），字景文，祥符（今河南开封）人，北宋诗人。宋哲宗元祐年间以左藏库副使为两浙兵马都监，因苏轼荐知隰州。元祐七年（1092）卒。博通史传，性好异书古文石刻，藏书甚丰，俸禄赏赐皆用于购书，交游甚广，与王安石、苏轼、米芾，张耒等文人雅士相知，苏轼称其为"慷慨奇士"。按：元祐七年，刘季孙已卒，米芾所谓"元祐中为左藏隰守刘季孙跋题"，当在元祐七年以前，具体时间待考。

① 〔北宋〕米芾：《米芾文集》，转引自《米芾集》，湖北教育出版社，2002年。

第二章　宦海浮沉

宋仁宗无子，嘉佑七年（1062），以濮安懿王赵允让之子赵宗实为嗣，立为皇太子，赐名赵曙。嘉祐八年（1063），宋仁宗驾崩，皇太子即位，是为宋英宗。治平二年（1065）册立高氏为皇后，是为宣仁皇后。治平四年（1067），宋英宗驾崩，宋神宗继位，尊宣仁皇后为皇太后。

同年，米芾随母入京。因母亲阎氏曾在内廷侍侧宣仁皇后之故，故于熙宁元年（1068）米芾恩荫入仕，补秘书省校书郎。《全宋词》曰："以母侍宣仁皇后藩邸，恩补校书郎。"其余诸如《京口耆旧传》《襄阳县志》、翁方纲的《米海岳年谱》等亦多有记载。据邹演存《米公祠及米芾族裔脉源考》，治平四年（1067），米芾随母至京都汴梁，以母亲阎氏常于内廷侍侧高皇后之故，熙宁元年（1068）恩荫入仕，任秘书省校书郎。这一年，米芾年仅十八岁。按宋英宗、宋神宗一脉因宋仁宗无子而荣登帝位，实非宋仁宗嫡嗣，且宋仁宗曹皇后尚在，朝中亦颇有亲信大臣，宣仁皇太后虽贵为帝母，然终不能无所忌惮，任用亲近培植势力自在情理之中。米芾之母阎氏既有侍宣仁皇后藩邸之功，米氏一门又世代为宋勋臣，且米芾自幼熟读诗书，颇有才气，自然是比较合适的人选。于是，米芾以母荫补官，从此步入仕途。

米芾一生，自十八岁荫补秘书省校书郎起，至五十七岁卒于淮阳军知州任上，其仕途生涯近四十年，但综观其所任官职，从秘书省校书郎到涟洸尉，从临桂尉到长沙从事，从杭州观察推官到润州州学教授等，大多都是些无关紧要的芝麻官，即便是宋徽宗大观元年（1107）令米芾喜出望外地任礼部员外郎，官秩亦不过七品，其官运始终处于低迷状态。

米芾以母荫补秘书省校书郎，其间活动缺载，具体情况不详，诸多文献对米芾曾任秘书省校书郎一职之事的记载并不统一。宋代邓椿著《画继》，其卷三《轩冕才贤》记曰："宣仁圣烈皇后在藩，其母出入邸中，后以旧恩，遂补校书郎。"亦有米芾以母恩补浛洸尉而不及校书郎之经历者，清代《四库全书总目》卷一一二《子部·艺术类》提及米芾所著之《画史》一书时，即曰："芾初以其母侍宣仁后藩邸旧恩，补浛洸尉。"丝毫不提此段经历。邓椿，字公寿，四川成都双流人，生卒年不详，其活动时期大抵在北宋末南宋初，离米芾不远，所记当与事实不远。宋神宗改革官制后，宋代秘书省职能扩大，管辖日历所、会要所及国史实录院等处事务，校书郎掌雠校典籍，刊正文章之职，据此推知，米芾任秘书省校书郎一职时，其工作亦不外乎于此。

宋神宗熙宁三年（1070），二十岁的米芾由秘书省校书郎改任临桂县尉。① 临桂，在今广西壮族自治区桂林市西郊，汉武帝元鼎六年（前111）建县，自三国至清末，其县城长期作为郡、州、路、府各级行政机构治地，两宋时期为广西南路治所，自古即有"桂都首邑"之美称。从1070年到1075年的五年中，米芾在北宋的西南边陲度过了他人生中首次外任生涯。对此，米芾也多有叙述。其在《书史》中记曰："余见石本于镇戎军，及冠，官桂林，朝奉大夫关杞为使者，语及，始知石在关氏。二十五官潭，杞通判邵州，以石本见寄。"② 其中所谓"官桂林"之事，当指自秘书省校书郎改任临桂尉而言，这一年米芾二十

---

① 魏平柱：《米芾年谱简编》，《襄樊学院学报》，2004年1月。

② 〔北宋〕米芾：《书史》，转引自《米芾集》，湖北教育出版社，2002年。

岁，初行加冠礼，正与文中所谓"及冠"相吻合，足证米芾的确曾任职桂林。根据北宋《礼记·内则》的记载："二十而冠，始学礼。"后世因时因地多有变化，民间自十五岁至二十岁举行冠礼，各地不一而足。司马光为顺时应变，将冠礼进行变通，初加巾，次加帽，三加幞头，米芾十八岁即以母荫补秘书省校书郎之职，估计是在其行加巾礼之后的事情，否则如何以未成年之身任秘书省之职？其所云"及冠"一事，或许是指二十岁行冠礼的最后仪式，即加幞头。

米芾初次离家，远赴岭南任职，饱受当地炎热瘴气之苦，政务闲暇之余，多与潘景纯、张仲容等交游。另外，与朝中故友薛绍彭、刘泾等人多有书信往来。潘景纯是米芾在临桂尉任上交往甚密之挚友。潘景纯其人，生平不详，熙宁初年曾任永州知州。林半觉先生曾遍访临桂县署旧址，见《历代县令题名碑》，赫然有潘景纯之名，可知其曾为临桂县令，熙宁七年（1074）又与米芾游桂林伏波山还珠洞，名居还珠洞纪游题名之首，故此推知，熙宁七年潘景纯在临桂令任上。其题名至今仍存于伏波山还珠洞石壁之上。这一年，米芾二十四岁。

此后，二人各奔前程，五年后再次相遇，却又恰逢潘景纯奉命调任塞外，相聚短暂，难耐依依不舍之情，米芾作《送潘景纯》一诗："五年相遇一行频，笑佩笭箵望塞云。曼倩未应徒为米，仲宣何事乐从军。开尊共喜身强健，秣马还惊岁杪分，此别固应尤作恶，天涯老去与谁群。"① 北宋末年之际，边境多事，北方的辽、夏、金、蒙古等游牧政权时常南下侵扰，战事频繁，加之边塞苦寒，环境恶劣，此去凶多吉少，故诗人尤其担心挚友之未来命运，字里行间不由自主地流露出颓废之气。

张仲容，据米芾称，乃唐宰相张九龄之后，生卒年不

---

① 〔北宋〕米芾：《送潘景纯》，转引自《米芾集》，湖北教育出版社，2002 年。

桂林伏波山还珠洞

详，曾任岭南县令，《宋史》无传，王安石有《送张仲容赴杭州孙公辟》诗送之，其当与王安石、米芾等人同时代，米芾任临桂尉时，张氏为岭南县令。据米芾《宝章待访录》记载，临桂尉任上，曾在岭南县令张仲容处目睹唐徐浩所书张九龄撰文的《司徒告》。其曰："右真迹用一尺高绢，书多渴笔……某官于桂林，借留半月，仍以纸覆裹，欲为重背，仲容惜其印缝古纸不许。九龄《神道碑》亦浩书。"① 然《书史》又云："唐彭王傅徐浩书《赠张九龄司徒告》，浩，九龄之甥，在其孙曲江仲容处。用一尺绢书，多渴笔，有锋芒。辞云：'正大厦者，柱石之力；匡帝业者，辅相之功。生则保其雄名，殁犹称其盛德。饰终未允于人望，加赠特至于国章。故荆州大都督张九龄，维岳降神，济川作相；开元之际，寅亮成功。说言定于社

---

① 〔北宋〕米芾：《唐彭王傅徐浩书张九龄司徒告》，转引自《米芾集》，湖北教育出版社，2002年。

稷，先觉合于蓍蔡。永怀贤相，可谓大臣。束帛所加，樵苏必禁。荆州之赠，相府未崇。爰从八命之秩，更重三台之位。可特赠司徒。'① 尝借留余家半月。唐中书令褚遂良《枯木赋》是粉蜡纸拓书，后有‘未能’二字，余辨是双钩。唐人不肯欺人，若无此双钩二字则皆以为真矣。在承议郎寿春魏纶处。余于润州见之。"此帖来历不甚明，米芾即有二说，《宝章待访录》称见于岭南县令张仲容处，《书史》又称见于润州，颇多蹊跷，是米芾记忆有误，抑或摹本众多，不得而知。

　　关于米芾任职西南边陲的这段经历，后世学者多有异议，分歧主要在米芾任职临桂尉与浛洸尉孰先孰后。叶培贵先生在《米颠痴顽：米芾与他的书法艺术》一书中指出，米芾先以母荫官授秘书省校书郎，1071 年至 1075 年，先后任官浛洸尉、临桂尉。其中，在浛洸尉任上为 1071 年至 1074 年，1074 年改任临桂尉，任职时间为 1074 年至 1075 年。对此，陈浩先生的《米芾粤桂游官寻踪》、林半觉先生《北宋大画家米芾桂游石刻考释》一文均持相同观点。林半觉先生认为，米芾二十四岁时曾携画笔游桂林，寓居西山资庆寺中，与诗僧韶言交游，曾画《阳朔山图》。魏平柱先生则持相反意见，他认为米芾任浛洸尉当在临桂尉之后，依据是《浯溪石题》所云之"米芾南官五年，求便养，得长沙掾。熙宁八年（1075）十月，经浯溪"，其《书史》有"二十五官潭"之记，"潭"即潭州，即湖南长沙，自熙宁八年上溯五年为熙宁三年（1070），米芾时年二十岁，亦颇合于"及冠，官桂林"之语。据上引林半觉先生《北宋大画家米芾桂游石刻考释》，桂林至今尚存米芾于熙宁七年（1074）五月所题之伏波山刻石与米芾自画像，则熙宁三年至熙宁八年（1075）之间任职临桂尉、浛洸尉之事无疑矣。浛洸县，北宋开宝五年（972）以浛洭县改名，治所在今广东省英

_____

①　〔北宋〕米芾：《书史》，转引自《米芾集》，湖北教育出版社，2002 年。

德市西北浛洸，属连州，第二年改属英州。元代时始废。以临桂、浛洸二地相去不远，调任亦在情理之中，且米芾自秘书省校书郎改任南方临桂、浛洸等地的时间亦正好五年，与米芾自言之"二十五官潭"亦颇为吻合。然昔人已逝，往事难追，《浯溪石题》仅云"南官五年"，具体行迹难以考证，故孰是孰非亦难以决断，容后再考。据曹宝麟先生考证，熙宁七年（1074），米芾长子米友仁出生，时米芾在临桂尉或浛洸尉任上。

浯溪，在今湖南省永州市祁阳县，唐时称永州。颜真卿、元结、柳宗元等人均曾任职此地。唐肃宗上元二年（761），元结撰《大唐中兴颂》，歌颂戡平安史之乱中兴唐室之事，书法家颜真卿手书，镌刻于江边崖石之上，因其文奇、字奇、石奇，被后人誉为浯溪"三绝"。米芾路过浯溪，目睹此碑，作诗以题之，诗曰："胡羯自干纪，唐纲竟不维。可怜德业浅，有愧此碑词。"① 对安史之乱之后的唐室衰落颇有感慨。

熙宁八年（1075）十月，米芾至潭州，任长沙掾一职。米芾诗《浯溪石题》曰："米芾南官五年，求便养，得长沙掾。"米芾任职长沙期间，官居闲散之职，颇多英雄无用武之地之叹，又逢王安石变法失败之时，心情颇为沮丧低落，其诗《诗送吴丈宾州使君元丰乙未长沙掾舍真禧道馆书》曾曰："万里相分又一时，怜君身世半差池。老来犹得安城守，夜召尚淹宣室思。越岭寒横迎吏谒，荆云暮合燕归迟。江湖还送天涯客，憔悴江湖更别离。"② 吴丈宾州，不知何许人也，据诗中"江湖还送天涯客"推测，此人当是任职岭南某地途经潭州与米芾相聚，远赴比长沙更远之地任职，一来，米芾居官岭南五年有余，深谙

---

① 〔北宋〕米芾：《过浯溪》，转引自《米芾集》，湖北教育出版社，2002 年。

② 〔北宋〕米芾：《诗送吴丈宾州使君元丰乙未长沙掾舍真禧道馆书》，转引自《米芾集》，湖北教育出版社，2002 年。

其地炎热瘴毒之气；二来，长沙与岭南均为远离东京的偏远山地，故米芾颇有"怜君身世半差池"之叹，至有"江湖还送天涯客，憔悴江湖更别离"之感，惺惺相惜之意溢于言表。另，元丰乙未似为笔误，四库本作己未，按宋神宗元丰年号自1078年至1085年，共使用八年，有己未、乙丑，而无乙未。元丰己未即元丰二年（1079），正在米芾任职潭州长沙掾期间；元丰乙丑则为元丰八年（1085），当时米芾已因母丧自杭州监察推官任上卸任，守丧丹徒。因此，此处所谓"元丰乙未"当为"元丰己未"之误。

元丰二年（1079）暮春，龙图阁学士江都吕溱病卒，为之作文。米芾《书吕溱事》未提及作此文之缘由，或受吕溱后人所托，或二人生前有交谊，不得而知。

米芾一生痴迷书艺，每见名家古帖，必倾力查访临摹，潭州任上，自不例外。曾多次造访潭州道林寺，在寺中曾见唐欧阳询《书道林之寺碑》、沈传师《游道林岳麓寺诗》帖等碑帖。前者在道林寺中，米芾称其"笔力险劲，勾勒而成，有刻板本。"① 沈氏书《游道林岳麓寺诗》帖在道林寺的四绝堂，"以杉板薄，略布粉，不盖纹，故岁久不脱。裴休书杜甫诗，只存一甫字。某尝为杜板行以纪其事。沈牌，某官潭借留书斋半岁，拓得之石本为抚石。僧希白务于劲快，多改落笔端直，无复缥缈萦回飞动之势。"②

沈传师，吴县人，中唐时期著名的书法家，工正、行、草诸体，北宋朱长文《续书断》以其与欧阳询、虞世南、褚遂良、柳公权等并列妙品。历官太子校书郎、翰林学士、中书舍人、湖南观察使等职，其所书《游道林岳麓寺诗》帖当在其湖南观察使任上。米芾生性狂傲，对前代

---

① 〔北宋〕米芾：《书史》，转引自《米芾集》，湖北教育出版社，2002年。
② 〔北宋〕米芾：《宝章待访录》，转引自《米芾集》，湖北教育出版社，2002年。

唐沈传师《柳州罗池庙碑》（局部）

书家多有微词，却极推崇沈传师之书，且《游道林岳麓寺诗》帖又为沈氏得意之作，得知其存于潭州道林寺之后，痴迷书艺之米芾自不肯轻易错过。据说，为了临刻沈氏的《游道林岳麓寺诗》帖，米芾甚至长借临习半年有余。后来由僧希白临摹上石，可惜僧希白因过于追求劲快之意而任意改动落笔，有失真之嫌，大失缥缈萦回飞动之势。

关于米芾与《游道林岳麓寺诗》帖，还有另外一段故事。据说米芾到达道林寺之后，受到了当时寺中方丈的热情接待。说明来意之后，方丈将《游道林岳麓寺诗》帖慨然相借。米芾如获至宝，秉烛夜观，初观之下，并无惊奇之处，仅称得上俊逸可爱罢了。然而观之愈久，感觉愈奇妙，堪称平淡中寓奇崛，有超世之真趣。把玩愈久，愈发爱不释手，浑然不知天之将晓。天亮之后，寺中沙弥才发现，米芾竟然偷偷将《游道林岳麓寺诗》帖带走了。后来，当朝宰相蔡京的小儿子为了诋毁米芾，将此事当做丑闻传了出去。可惜的是，米芾后来改任雍丘县令时，不慎将《游道林岳麓寺诗》帖丢失，为此，米芾失魂落魄了好久。巧的是，有一天，雍丘狱吏却拿了一卷法帖想找米芾帮他鉴定，米芾定睛一看，正是沈传师所书之《游道林岳麓寺诗》帖，不由得眼前一亮。可惜的是，法帖的下半卷已不知去向，让米芾心痛不已。细问之下，方知该帖是一个大盗的徒弟送给他的，上半卷好像遗落到围镇一家客栈中了。米芾大喜过望，亲自到围镇的客栈中挨家挨户地寻找，最后终于在一家客栈的柴房木板门上找到了遗失已久的《游道林岳麓寺诗》帖下半卷，可惜已经成了糊褙纸了，米芾呆呆地站在门下，泪如雨下，围观的人们还以为他是个疯子呢。此事虽不知真假，然爱书而偷，帖毁落泪，倒是比较符合米芾书颠的性格。

长借《游道林岳麓寺诗》帖，详加揣摩，练笔不辍以外，米芾也曾亲自书写《道林诗帖》，该帖纵 30.1 厘米，横 42.8 厘米，行书，文曰："楼阁（鸣）明丹垩，杉松振老髯。僧迎方拥帚，茶细旋探檐。"米芾任职潭州期间，亦曾在潭州南楚门胡氏淳之处见唐代欧阳询所书之《荀氏汉书节》。此外，江南庐山诸寺塔多有裴休所题额者，米芾多见之，称其虽笔力不足然亦不失真率可爱之处，其评价尚称公允。

米芾任职潭州前后五年时间，于宋神宗元丰三年（1080）自长沙掾卸任，至杭州，任杭州观察推官一职。观察推官一职，始设自唐代，地位在判官、掌书记之下，掌官推勾狱讼之事。北宋建立后，乃于三司下各部每部设一员，主管各案公事；除开封府、临安府所属左、右厅各厅推官各一员以外，其余诸州幕职中亦有节度、观察推官。

杭州推官任上，米芾官散务闲，多访名家名帖。闻张旭《草书四帖》在杭州陆氏，遂着力访查。《书史》记曰："旧有五帖：第一《秋深》，第二《前发》，第三《汝官》，第四《昨日》，第五《承须》。今所存四帖，《汝官》后有古印，文讹不可辨。《昨日》《承须》二帖，小檗纸也。陆氏子素从关景仁学，关因借摹三大帖，余曾见石本于关中宋氏。及官桂林，关杞为使者，语及，始知石在关氏。又五年官潭，关杞通判邵州，以石本见寄。又三年官杭，而关景仁为钱塘令，因陆氏子登第者来谒，与关同往谢而阅之，独失《秋深》一帖，诘之，颦蹙而言：'嘉祐中为太守沈遘借阅拆留。'余遣工摹余帖，即归诘遘弟遨，

唐裴休《圭峰禅师碑》（局部）

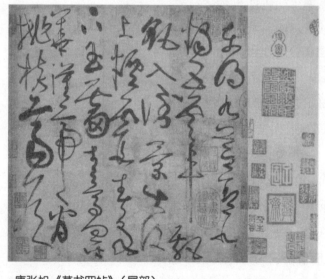

唐张旭《草书四帖》（局部）

时为郡从事，乃云'在其侄延嗣处'。余往见，遂得阅，后购得之。"① 米芾得以收藏张旭《草书四帖》，多费周折，前后寻访达十余年之久。早在其临桂尉任上，即闻该帖在杭州陆氏，惜无缘得见。至出使关中，始见石本于关中宋氏。杭州从事任上，以陆氏子有登第者前来拜谒钱塘令关景仁之故，遂得见真迹。然此时已因嘉祐间杭州太守沈遘借阅拆留而不全。之后，诘问沈遘之弟

---

① 〔北宋〕米芾：《书史》，转引自《米芾集》，湖北教育出版社，2002 年。

沈遽，方知《秋深》帖尚在沈遽之侄延嗣处，最终得见真迹，此后更购归其家，收藏之，其与张旭《草书四帖》之渊源可谓深矣。

杭州观察推官任上，米芾曾遇到一位天竺僧人，获王羲之《乐毅论》帖一本，其《书史》对此有详细记载。该帖上有隋僧智永题跋"梁世摹出，天下珍之"，"其间书误两字，遂以雌黄治定，然后用笔。今世无此改误两字本流传。余于杭州天竺僧处得一本，上有改误两字，又不阙唐讳，是梁本也"①。

米芾《画史》曾记载余杭刻印的《五声音六律十二宫旋相为君图》，极为精微。其文曰："夫五音之声，出于五行，自然之理。管仲深明其要，著其形似，太平之具也。作乐之道，必自此始。沈隐侯只知四声，求其宫声不得，乃分平声为二，以欺后学，防于千年，无人辨正。愚陋之人，从而祖述，作为字母，谨守前说。陆德明亦复吴音，传其祖说，以聋后学，莫之为正。"② 管仲开五音之说，成书于春秋时期的《管子·地员篇》是最早记载五音名称的古代典籍，其所记载的采用数学运算方法获得"宫、商、角、徵、羽"五音的科学办法，即中国音乐史上著名的"三分损益法"。沈约，南朝齐梁间人，号称"一代辞宗"，其"声律论"尤享盛名。南齐永明末年，文章大盛。沈约、谢朓、萧融等人成就最著。"约等文皆用宫商，以平上去入为四声。以此制韵，不可增减，世呼为'永明体'。"③

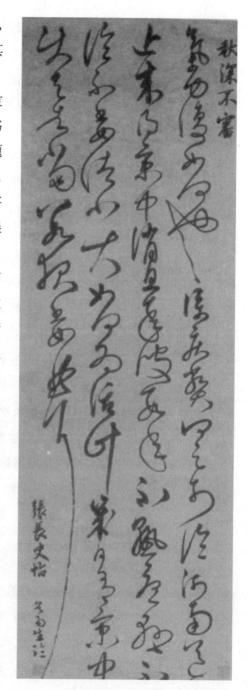

清陈璧《临张旭秋深帖轴》

---

① 〔北宋〕米芾：《书史》，转引自《米芾集》，湖北教育出版社，2002 年。

② 〔北宋〕米芾：《画史》，转引自《米芾集》，湖北教育出版社，2002 年。

③ 〔南齐〕萧子显：《南齐书·陆厥传》。

沈约应是发明四声的重要奠基者，他率先将"四声"引入诗歌理论。陆德明，隋唐间人，著名经学家、训诂学家。米芾对管仲、沈约、陆德明等人所谓的五音颇有异议，"于是以五方立五行求五音，乃得一声于孟仲季位，因金寄土，了然明白，字字调声，五音皆具，削去平上去入之号，表以宫商角徵羽之名，有声无形，互相假借，千岁之后，疑互判清，太初漏露，神奸□秘，无所逃形。著云《大宋五音正韵》。用以制律作乐，能召太和，致太平，藏之名山百世，以俟与我同志者，不徒为蒙陋生设也。"① 其所谓《大宋五音正韵》一书，似乎并无撰著，《黄公说字》云："米芾《大宋五音正韵》，仅名见所著《画史》中，盖欲为之而未成，亦非真有其书也。"或许是米芾见《五声音六律十二宫旋相为君图》时有此想法而未付诸实施的结果，但仍可见米芾对音律颇有研究。

元丰四年（1081），米芾曾至惠州，见苏轼《书海月赞》，米芾诗文中有《书海月赞跋》一则，惜其所录文字不甚完整。2009 年 9 月 4 日《信阳晚报》登载了一则名为《信阳市惊现宋代米芾〈海月都师帖〉书帖实物》的报道，曾录其全文，笔者以为其文字顺序颇为混乱，恐为装裱之误，遂以己意排序并标点之，尚祈方家不吝指正。其文曰：

> 人皆趋世，出世者谁？人皆遗世，世谁为之？爰有大士，处此两间，非浊非清，非津非禅，惟是海月。都师之式，庶复见之。众缚自脱，乘梦西湖，天宫化城，见两天竺，宛如生平，云披月满，遗像在此，谁其赞之？惟东坡子。元丰四年，余至惠州，访天竺净惠师，见其堂张《海月辨公真像》，坡公赞于其上，书法遒劲。余不觉见猎，索纸疾书，匪敢并驾坡公。亦

① 〔北宋〕米芾：《画史》，转引自《米芾集》，湖北教育出版社，2002 年。

聊以广好人之所好之意云尔，襄阳米芾。

自"人皆趋世"至"惟东坡子"句，颇有序文之意，自"元丰四年"至"襄阳米芾"句，则为跋文（含落款）。

元丰五年（1082），苏轼在黄州团练副使任上，米芾乃谒之于黄州，从此开始了二人漫长的友谊之路。

元丰六年（1083）四月九日，杭州南山僧官守一法师至龙井山寿圣院方圆庵拜会高僧辩才，二人讲经说法，谈古辩经，非常投缘。守一乃作《龙井山方圆庵记》以示纪念。此碑由米芾手书，原石即刻于此年。书法腴润秀逸，乃米芾"集古字"时期之佳作，其书多从《集王圣教序》出，是距王羲之最近的作品，颇有可玩味之处。

方圆庵

元丰七年（1084）前后，米芾从杭州观察推官任上卸任，途经苏州，应苏州知州章岵之邀，作《九隽老会序》，序曰"十老会后更名曰耆英，又名真率。元丰间，章岵守郡，与郡之长老从游，各饮酒赋诗。余以杭州从事罢官经

米芾评传

由，为作序曰"① 云云。章岵（1013-?），字伯望，福建路建州浦城人。宝元元年（1038）进士。元丰五年（1082）知苏州，七年再任，曾组织"十老会"。序文末尾称"以芾倦游四海，多与宾寮刻绘，既传，属为序引。"故此序当作于元丰七年（1084）米芾过苏州途中，应章岵之邀所作也。

元丰八年（1085）三月五日，宋神宗崩于福宁殿，享年三十八岁。子赵煦即位，是为宋哲宗，次年改元元祐。

同年，米芾的母亲阎氏因病去世，米芾丁母忧，扶柩归丹徒。此后两三年内，常居丹徒。丁忧守孝期间，米芾亦不曾放弃其挚爱的书画艺术，遍访名帖字画。《书史·笔精帖》条下记载曰："余时迁葬丹徒，约王君，友婿宗室时监罗务令辑亦欲往，别约至彼交帖。王君后余五日至，余方襄大事，未暇见之。事竟见，云：'适沈存中借去。'吾拊髀惊曰：'此书不复归矣。'余遂过沈，问焉。沈曰：'且勿惊破得之，当易公王维雪图，其父尝许见与也。'余因不复言。后数日，王君携褚书见过，大叹曰：沈使其婿以二十星资其行，请以二十千留褚书。余因不复取。后十年，王君卒，其子居高邮，欲成姻事，因贺铸持至仪真，求以二十千售之，后苏颂丞相家与沈之子博毅同会，问所在，曰：'分与其弟矣。'翌日，苏舜元子云屡见之。"② 如此言不虚，则米芾在丹徒守丧期间，曾与王羲之《笔精帖》有过一面之缘，本来已经约好与王某交换此帖，可惜米芾因忙于迁葬之事未及相见，至见时，该帖已为沈括借走，条件是以米芾收藏的王维《江干雪霁图卷》交换，让米芾甚是遗憾。

元祐二年（1087），米芾丁忧期满，除母丧，再赴汴京，此后不久，即出汴京东归，入于扬州谢景温（淮南东路长官）幕府。谢景温（1021—1097），字师直，富阳县

---

① 〔北宋〕米芾：《九隽老会序》，转引自《米芾集》，湖北教育书版社，2002 年。
② 〔北宋〕米芾：《书史》，转引自《米芾集》，湖北教育出版社，2002 年。

人。尚书兵部员外郎谢绛之子，成都路提点刑狱谢景初之弟。宋神宗熙宁初年，任京西路、淮南路转运使，与王安石、范仲淹、欧阳修相友善，积极参与王安石变法，曾上书弹劾过苏轼。六月前后，作《李邕帖赞》。

米芾入淮南幕府，具体官职不详，大抵不过幕僚军师从事之类，其流传诗作名称隐约透露出当时米芾的仕途经历与生活细节。米芾任职淮扬，似乎也只是闲散之官，米芾《杂咏》三首即作于扬州任上，其诗曰："得官尘土古扬州，好客常稀俗客稠。掩簿叱胥无涸我，冒风踏雪作清游。"① 明显地流露出其对扬州任上的官务闲暇及官场应酬的极不耐烦，所谓"好客常稀俗客稠"，那种知己罕少不堪俗世应酬的寂寥与苦闷跃然纸上，让诗人宁愿冒着遭属下小吏抱怨的危险以及风雪交加的恶劣天气而孤身出游，心情绝对堪称低落。同名诗二又曰："竹西桑柘暮鸦盘，特地霜风满倦颜。不用使君相料理，都缘尘土少青山。"② 则借暮秋之景抒发诗

清王时敏《仿王维江干雪霁图卷》（局部）

人的境遇心态，"特地霜风满倦颜"一句，更是对此段生活的概括总结，环境恶劣身心俱疲，所谓"都缘尘土少青山"之句，并非直言扬州之环境恶劣，而是在抒发诗人的不满情绪。人文环境不佳，官务闲暇而应酬繁多，诗人唯有借书画怡情消磨时间，故《杂咏》诗第三首即着眼于书画美酒，其曰："赠我白毫笔，报以木兰酒。我书将示谁，汝笔称我手。"③ 以白描手法叙述诗人与赠笔之人之间的君

第二章 宦海浮沉

①②③〔北宋〕米芾：《杂咏》，转引自《米芾集》，湖北教育出版社，2002年。

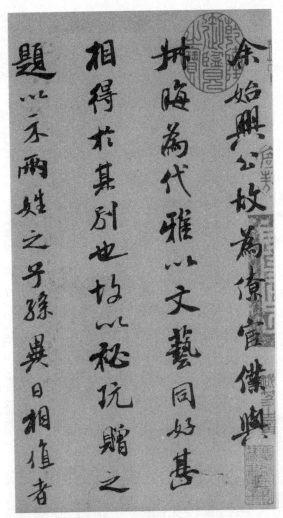

北宋米芾《叔晦帖》（局部）

子之交，心情轻松而淡然，忘却一切烦恼而归于书画之天道。

《游山光寺》一诗似乎亦作于此时。山光寺在今江苏扬州湾头镇，为唐代著名古刹，历代文人贤士多游览集会于此，苏轼居扬州时，常与晁补之、昙秀等人泛舟于此。米芾一生喜游历山水，每到一地，往往先游览当地名胜，吟诗作书，抒发胸臆，加之其官多为闲职，政务希简，淮南幕府任上自然少不了游山玩水。其《游山光寺》诗曰："竹围杉径晚风清，又入山光寺里行。一一过僧谈旧事，迟迟绕壁认题名。仙来石伴怀灰劫，鹤语池边劝后生。三十年间成底事，坐叨闲禄是身荣。"其诗既称"又入山光寺"，足见米芾游览山光寺绝非一次，竹影杉径，清风徐来，与知交好友谈古论今，观赏石壁题名，奇石鹤池，岂不快哉！这也是米芾惬意之余诗意大发的原因所在。

元祐元年（1086）、二年（1087）之交，米芾有《三帖卷》传世，即《叔晦帖》《张季明帖》《李太师帖》。此《三帖卷》是米芾行书的精品佳作。

《叔晦帖》，纸本，行书，纵24.5厘米，横29.6厘米，上钤有"项元汴鉴藏印""安仪周家珍藏""乾隆鉴赏玺""太上皇帝之宝"等鉴藏印。其文曰："余始兴公故为僚宦，仆与叔晦为代雅，以文艺同好，甚相得，于其别也。故以秘玩赠之，题以示两姓之子孙异日相值者。襄阳米芾元章记。叔晦之子：道奴、德奴、庆奴。仆之子：鳌儿、洞阳、三雄。"此帖书法沉着痛快，洒脱飘逸。结体、用笔中多见王献之的风骨。现藏于日本东京国立博物馆。

《张季明帖》，纸本，纵25.8厘米，横31.3厘米。其文曰："余收张季明帖。云秋气深，不审气力复何如也，真行相间，长史世间第一帖也。其次贺八帖。余非合书。"现藏日本东京国立博物馆。该帖据说是米芾诸作中格调最高的作品，尤其中央那连绵的部分，看了立刻会想起王献之的《中秋帖》。亦有人认为，此帖作于米芾逝世前不久，保留有米书晚年书风，不知何者为是。该帖在有识之士当中受到很高的评价。

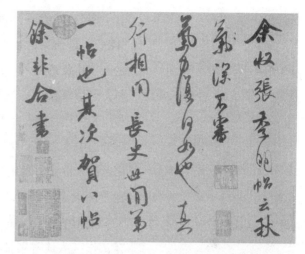

北宋米芾《张季明帖》

《李太师帖》，纸本，纵25.8厘米，横31.3厘米，现藏日本东京国立博物馆。此帖创作时间约在元祐二年（1087）。其文曰："李太师收晋贤十四帖。武帝、王戎书若篆籀，谢安格在子敬上。真宜批帖尾也。"明代著名收藏家项元汴认为，米芾此帖书风与王羲之风格颇为相近。其书法于二王得力最多

北宋米芾《李太师帖》

而又不同于二王父子书法。王羲之法度紧敛古质蕴藉内含，王献之笔致散朗妍妙，俊逸姿媚。相较之下，似乎米芾的书风个性与王献之较为相近，所以，米芾书法的结体、用笔中多见王献之风骨。

元祐三年（1088），米芾因倦于官场应酬曾游历江湖，乃沿运河扬帆而行，作东南之游。曾作《颜鲁公碑阴记》，或在其起程东南游途中路过洛阳所作。此后，过润州，南

游常州、宜兴、无锡、浙东，在苏州滞留半年。

将到苕溪之时，米芾乃作诗与诸友乐。八月八日作《苕溪诗帖》。其序曰："将之苕溪，戏作呈诸友。"诗中多引"谢公""蠹简""仕倦""转蓬""贺公""鲁公"意象，"谢公"即谢灵运，"贺公"即贺知章，均为弃官云游山水之人，其余诸如"水宫无限景，载与谢公游""懒倾惠泉酒，点尽壑源茶""朝来还蠹简，便起故巢嗟""好懒难辞友，知穷岂念通"等更是比比皆是，颇有倦怠政务心灰意懒醉心山水之意。卷中更自注曰："余居半岁，诸公载酒不辍。而余以疾，每约置膳清话而已，复借书刘、李、周三姓。"① 所谓居半岁，或许因身体抱恙而闲游，待考。

重阳节前，米芾应湖州太守林希之邀，前往湖州做客，作《入境寄集贤林舍人》，诗曰："扬帆载月远相过，佳气葱葱听诵歌。路不拾遗知政肃，野多滞穗是时和。天分秋暑资吟兴，晴献溪山入醉哦。便捉蟾蜍共研墨，彩笺书尽剪江波。"② 诗中极力称赞湖州山水佳秀，民生祥和，政务井然之态，大有"山水醉人"之意，至于"便捉蟾蜍共研墨，彩笺书尽剪江波"之句，更是透露出山清水秀的优美自然环境与好友聚首心情愉悦对书法家创作激情的影响。重阳日，又作《重九会郡楼》曰："山清气爽九秋天，黄菊红茱满泛船。千里结言宁有后，群贤毕至猥居前。杜郎闲客今焉是，谢守风流古所传。独把秋英缘底事，老来情味向诗偏。"③ 游兴大发的米芾，此时早已将仕途、官场抛至九霄云外，完全沉浸在游山玩水的闲情逸致之中，秋高气爽，黄菊红茱，群贤毕至，吟诗作画，大有昔日王羲

---

① 〔北宋〕米芾：《将之苕溪戏作呈诸友》，转引自《米芾集》，湖北教育出版社，2002 年。

② 〔北宋〕米芾：《入境寄集贤林舍人》，转引自《米芾集》，湖北教育出版社，2002 年。

③ 〔北宋〕米芾：《重九会郡楼》，转引自《米芾集》，湖北教育出版社，2002 年。

之集会兰亭之乐。

米芾《跋殷令名帖》曾提及此事，其曰："右唐殷令名书《头陀寺碑》，齐王简栖所撰，录于《文选》。令名之子仲容，官礼部郎。据《法书要录》云：仲容奕世工书，精妙旷古。令名尝书济度寺额，后代程式。父，开山也，武德中为尚书，故阙'山'字，而李氏讳不及淳、旦、照、基、诵者，正在贞观、永徽间。跋尾书'惟则'者，集贤待制史惟则；小印'滉'字，即唐相晋国忠献韩公所宝书也。元祐戊辰，集贤林舍人招为茗、雪之游，九月二日道吴门，以王维画古帝王易于龙图待制俞献可字昌言之孙，翌日与丹徒葛藻字季忱检阅审定，五日吴江舣舟垂虹亭题。襄阳米芾。"① 此跋除说明殷令名的家世、作品与交游以外，还交代了自己游历湖州的缘由、同游之人及部分行踪，可补史料之阙。

按此跋文，《吴江舟中作》《垂虹亭》《游湖州》等亦作于此时。《吴江舟中作》诗曰：

> 昨风起西北，万艘皆乘便。今风转而东，我舟十五纤。力乏更雇夫，百金尚嫌贱。船工怒斗语，夫坐视而怨。添橹亦复车，黄胶生口咽。河泥若佑夫，粘底更不转。添金工不怒，意满怨亦散。一曳如风车，叫唤如临战。傍观鸾窦湖，渺渺无涯岸。一滴不可汲，况彼西江远。万事须乘时，汝来一何晚。

诗中着力描述逆风行舟之艰难，以及船工、纤夫因酬金相互争执之事，语言通俗，笔调诙谐，旅途中的愉悦心情可见一斑。至于《垂虹亭》《游湖州》二首则自不待言。前诗曰："断云一片洞庭帆，玉破鲈鱼金破柑。好作新诗继桑苎，垂虹秋色满东南。"后诗则曰："泛泛五湖霜

---

① 〔北宋〕米芾：《跋殷令名帖》，转引自《米芾集》，湖北教育出版社，2002年。

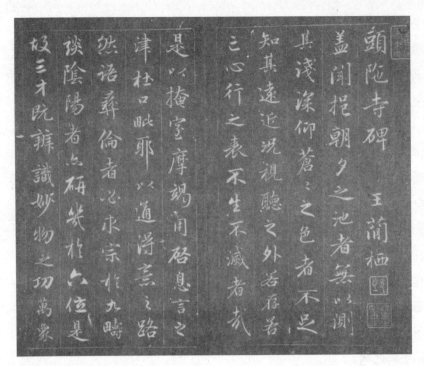

唐殷令名《头陀寺碑》（局部）

气清，漫漫不辨水天形。何须织女支机石，且对常（嫦）娥称客星。"一句"好作新诗继桑苎"，足见诗人因垂虹秋色之美而诗兴大发，而"且对姮娥称客星"，亦表达了米芾在湖州洞庭之上沉醉于美景之中，随遇而安的平和心境。另《米芾集》中尚有《和林公岘山之作》《湖守林子中同游道场》，或许亦作于同时期。

宋哲宗元祐四年（1089）四月，年过半百的苏轼除龙图阁学士、充浙西路兵马钤辖，知杭州军州事，自京城东南行，六月到扬州访米芾，七月初三至杭州。其《书米元章藏帖》曾记载，元祐四年六月十二日与章资平一起拜访米芾。其《与米元章诗十九首》亦有提及，诗前序曰："某以疾请郡，遂得余杭……重辱新诗为送，词韵高雅，行色赠光，感服不可言也。"其《与钱穆父》书亦曰："前日作《米元章砚山铭》。此砚甚奇，得之于湖口石钟山之侧。……因山作砚其理如云。过扬且伸意元章，求此砚一观也。"① 此处为米芾石钟山砚作铭，乃苏轼应米芾之请所作，对此砚亦颇为喜欢。

---

① 〔北宋〕苏轼：《东坡全集》卷七五《米黻石钟山砚铭》，北京燕山出版社，2009 年。

其《元祐己巳维扬后斋为亳州使君蒋公写二首》诗其一亦曰："水竹风清一梦苏，涛生月破紫瓯须。满堂爱客谈书画，且展宣王扇喝图。"其二则曰："小疾翻令吏日闲，明窗尽展古书看。何须新句能消暑，满腹风云六月寒。"① 二诗均着意渲染水竹风清之美景，畅谈书画之闲情。元祐己巳即元祐四年，此诗题有"维扬后斋"字样，似乎当时米芾尚在淮南幕府任上。

元祐五年（1090）冬至，作《欧阳询度尚庾亮帖赞》于萧贤外舍。扬州为淮南东路治所，烟柳繁华自古称盛，名胜古迹颇多，米芾自然不会错过当地的山水美景与人文景观。瓜洲百川浦、孙楚楼、北固山等都是他经常光顾的地方。其《瓜洲百川浦》诗曰："西瞻山逾细，东望水正茫。楚人投饵处，吾肯扣鸣榔。"②《扬州作》："春风何索寞，带雪入扬州。尚想遗钗雀，曾观上玉钩。真同一梦觉，坐忆十年游。邂逅逢孙楚，酣歌慰滞留。"③ 米芾丁忧期满后，入淮南幕府，人地两生，闲暇之余，独登扬州著名的孙楚楼，回想自己宦游十年期间的漂泊生活，颇多感慨。

元祐六年（1091），米芾转官沧州，官职不详。其《元祐辛未上元后一日同周文之刘瑞迈章纵矩游浮玉》诗曰："近媵昔夹衣，入春今重裘。天运亦已广，四时或不周。张灯儿戏歇，发兴在沧州。兹山通玄府，瑶坛帝曾游。荷衣可荐藻，神清不沉牛。厌俗入喧乱，风波屡为忧。昨夕净名天，结客涌不留。"④ 其诗以沧州春寒料峭的天气状况入笔，不仅形象地描述了元祐年间沧州上元节张

① 〔北宋〕米芾：《元祐己巳维扬后斋为亳州使君蒋公写二首》，转引自《米芾集》，湖北教育出版社，2002 年。

② 〔北宋〕米芾：《瓜洲百川浦》，转引自《米芾集》，湖北教育出版社，2002 年。

③ 〔北宋〕米芾：《扬州作》，转引自《米芾集》，湖北教育出版社，2002 年。

④ 〔北宋〕米芾：《元祐辛未上元后一日同周文之刘瑞迈章纵矩游浮玉》，转引自《米芾集》，湖北教育出版社，2002 年。

北宋米芾《天下第一江山》题字/牌匾

灯结彩的风俗习惯，也透露出诗人在沧州任上的官务闲暇。

此后，米芾宦游润州，任润州州学教授一职。在润州期间，其足迹几乎遍布当地的每一处山水胜地。《米芾集》中收录的与润州有关的诗作就有不少，著名者如《发润州》《登米老庵呈天启学士》《海岳庵杂诗》《甘露寺悼古有序》《甘露作呈夷旷》《甘露寺》等诗均作于此时。曾经让米芾耿耿于怀的"天留米老庵糟"取笑就发生在润州。润州是米芾一生中比较喜欢的地方之一，在润州期间，米芾遍游当地风景名胜，如甘露寺、卫公塔、多景楼等，都留下了不少名诗巨作。

甘露寺，相传是三国时期刘备与孙尚香结婚的大殿，最初建于东吴初年，寺额题字传说为张飞亲笔所书。甘露寺之名，得益于《三国演义》中孙刘联兵共御曹魏的孙刘联姻之事。时值曹魏百万大军南下之际，孙吴、刘汉结盟共御曹操。然孙、刘皆私欲取荆州，孙权遂与周瑜定下美人计，以孙权之妹孙尚香为诱饵佯邀刘备至井口招亲欲扣留刘备逼迫其交出荆州。诸葛亮将计就计，促使孙权之母吴国太至甘露寺相亲，促成了孙刘联姻一事，甘露寺自此名扬天下。中唐时期，宰相李德裕捐赠宅地扩建并建有石塔一座，位于清晖亭之东，因李德裕曾封卫国公，故名卫公塔，晚唐乾符年间倒塌。此后百余年间，甘露寺几经兴废。最初的甘露寺寺址在北固山山脚之下，北宋大中祥符三年（1010）甘露寺和尚祖宣（相传为国舅）因寺宇坍塌，遂启奏郡守转奏朝廷，欲移建于北固山之上。宋真宗因此特下诏令转运使陈尧移寺于山顶之上，并恩赐良田四千余亩。移建之后的甘露寺，规模宏大，亭台栉比鳞次，殿宇楼阁辉煌壮观，气势非凡。哲宗元符末年毁于火灾，不久后又重建。南宋建炎年间又毁于兵灾战火，绍兴年间再次重建。现存甘露寺为清光绪十六年（1890）镇江观察黄祖络等人筹款所建。米芾性喜山水，酷爱郊游，甘露寺就是他经常光顾的地方之一。站在三国古寺的遗址之上，发思古之幽情，感慨三国六朝之巨变，世事之变迁，所谓"六代萧萧木叶

甘露寺

稀，楼高北固落残晖。两州城郭青烟起，千里江山白鹭飞。海近云涛惊夜梦，天低月露湿秋衣，使君肯负时平乐，长倒金钟尽醉归。"① 此诗作于秋日之午后，树木萧索，夕阳西下，城郭青烟之下，白鹭飞舞，海涛月露，一派秋高气爽之美妙景致。美景激发了诗人的酒兴与诗意，醉酒当歌，无比惬意。此时的米芾心境轻松，工作闲暇，沉浸在闲适惬意的生活当中。

润州可以说是米芾的故乡，故米芾在此颇有如鱼得水之感，不仅对当地的名胜古迹非常了解，甚至对一草一木都非常熟悉，而且有着超常的喜爱之情，其对甘露寺的熟

---

① 〔北宋〕米芾：《题多景楼吴太守裴如晦学士》，转引自《米芾集》，湖北教育出版社，2002 年。

悉与喜爱程度远超于他人。其《甘露寺悼古》诗序曰："甘露寺壁,有张僧繇四菩萨,吴道子行脚僧。元符末,一旦为火所焚,六朝遗物扫地,李卫公祠手植桧亦焚荡。寺故重重金碧参差,多景楼面山背江,为天下甲观,五城十二楼不过也。今所存,惟卫公枪塔、米老庵三间,作诗悼之云。"

作为一个痴迷书画的书法大家,米芾对寺中书画作品的关注绝非一般人所能及。对甘露寺在北宋元符年间毁于火灾的六朝遗物、李德裕手植桧、多景楼等,更是充满了惋惜之情。不过,话又说回来,火灾之后仅存的米老庵又让米芾多了几分自得,颇有老天待米芾不薄之感。以米芾当时的盛名,加之本来就多狂狷之气,因此,才有诸如"神护卫公塔,天留米老庵"之类的自得之语顺手拈来。没承想,这种狂狷之气与自得之语却成了他人取笑米芾依靠老娘出身入仕的话柄。非科举进身的米芾本来就比较在意这点,这样一来,自然无法心平气和地看待这一玩笑,昔日超凡脱俗的米芾终于也无法淡定了,一场口水战最终不可避免。

笔者分析《甘露寺悼古》之诗意,"色改重重构,春归户户岚。槎浮龙委骨,面失兽遗耽",无疑是想抒发因火灾损毁所致的六朝古迹一朝荡然无存的惋惜之情,而"神护卫公塔,天留米老庵"之句,"神"与"天"相对,"卫公塔"与"米老庵"相对,如果能抛开米芾与米老庵的关系似乎也无明显不妥,单纯地庆幸卫公塔与米老庵幸免于火,可能也说得过去。至于结尾的"柏梁终厌胜,会副越人谈"两句,亦不过岁月无情,亭台楼阁皆不外乎过眼烟云,仅凭后人凭吊之感慨而已,或许并无深意。

多景楼,位于今江苏省镇江市北固山甘露寺内,在北固山后峰顶上,古名北固楼,亦称春秋楼、相婿楼、梳妆楼,为古代"万里长江三大名楼"之一,与洞庭湖畔的"岳阳楼"、武汉市的"黄鹤楼"齐名。多景楼是北固山

多景楼

风景最佳之地，宋元以来经常为历代文人雅士聚会赋诗之
所。北宋大文学家欧阳修、苏东坡，科学家沈括，书画家
米芾，南宋爱国诗人辛弃疾、陈亮、陆游、刘过，元明清
时期的无数文人雅客，都在这里留下了著名诗篇。该楼初
建于唐代，楼名取自于唐朝宰相李德裕《临江亭》中的
"多景悬窗牖"诗句。北宋郡守陈天麟在唐代临江亭故址
上重建而成。上下两层，楼内雕梁画栋，精美异常，回廊
四通，四周皆景。东可望滔滔江水一泻千里，青翠焦山缥
缈无际；西可眺千峰万岭山峦重叠，山光水色与碧空一
体，金山、文峰塔风姿绰约，隐约可见……登楼远眺，奇
景多姿尽入眼中，恍然有凌空飞翔之感。米芾在润州州学
教授任上，曾多次畅游多景楼，并有《题多景楼》诗帖、
《秋暑憩多景楼》等多首佳作流传于世。其《秋暑憩多景
楼》一诗即极言多景楼及周边的秋色之美，所谓"纵目天
容旷，披襟海共开；山光随眦到，云影度（渡）江来。世

界崭双足，生涯付一杯。横风多景梦，应似穆王台。"① 其
《题多景楼》诗则曰："华胥兜率梦曾游，天下江山第一
楼。冉冉明廷万灵入，迢迢溟海六鳌愁。指分块圠方舆
露，顶蠹昭回列纬浮。衲子来时多泛钵，汉星归未觉经
牛。云移怒翼搏千里，气霁刚风御九秋。康乐平生追壮
观，未知席上极沧洲。"② 极言多景楼之雄伟壮观及倚楼远
眺之海景壮阔奇观，其中"天下江山第一楼"句，更使多
景楼名扬天下。多景楼不仅是米芾政务闲暇之际观景赋诗
的好去处，也是他挥毫泼墨自由创作的绝佳地，多景楼底
层门上悬挂的"天下江山第一楼"七字匾额，即是米芾手
笔，至今宛在，笔力雄健，潇洒异常。

　　米芾润州任上，有宝晋斋《弊居帖》传世，其文曰：
"芾顿首再启。弊居在丹徒行衙之西，俯闲堂、漾月、佳
丽亭在其后，临运河之闊水。东则月台，西乃西山，故宝
晋斋之西为致爽轩。环居桐柳椿杉百十本，以药植之，今
十年，皆垂荫一亩，真一亩之居也。四月末，上皇山樵人
以异石告，遂视之。八十一穴，大如碗，小容指，制在淮
山一品之上。百夫运致宝晋桐杉之间。五月望，甘露满石
次，林木焦苇莫不沾，洁白如玉珠。郡中图去，至今未
止。云欲上，既不请，亦不止也。芾顿首再拜。"此帖中
米芾描绘了其润州（江苏镇江）居所"宝晋斋"之地理
位置与建筑布局。据此帖可知，宝晋斋附近不但有运河经
过，还有多座富有诗意的建筑亭阁环绕，庭园中种植了各
色植物数百株。宝晋斋当时已落成十年，植物生长到都可
盖住一亩的区域，因此恰好可以称为"一亩之居"，这使
得我们对闻名遐迩的"宝晋斋"有了更具体的印象。宝晋
斋中有"致爽轩"一间，米芾曾多次作诗以颂之曰："西

---

① 〔北宋〕米芾：《秋暑憩多景楼》，转引自《米芾集》，湖北教育出版社，
2002 年。

② 〔北宋〕米芾：《题多景楼》，转引自《米芾集》，湖北教育出版社，2002 年。

北瞻云异，东南走贡珍。川华开日月，林岭暗松筠。"①
"夕紫堆香豆，朝岚映墨池。客来不须报，正是学书时。"②
或歌颂其周围的自然景色；或描述其奋笔疾书之勤勉，不
亦乐乎。

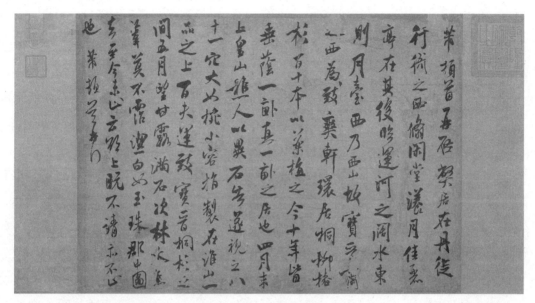

北宋米芾《弊居帖》

　　米芾对润州的感情极深，离任之际，特赋诗以抒怀，
其诗曰："气就蛇须角，暧通豕负途。解衣向俗裸，酌水
合狂夫。探社新铭禹，经韶旧吊虞。据鞍休示壮，寡要悔
为儒。为吊忠游楚，因崇让过虞。要离葬终近，严子钓行
须。御晏妻知辱，歠膻客自愚。诚修日难掩，醯在蚋还
趋。和寡方声越，知稀觉道腴。命齐都将相，义拙落江
湖。南梦应随雁，西风却背鲈。弓旌今正歇，多少定同
凫。"③ 几年以后，米芾从雍丘县令任上辞职，改监嵩山中

　　① 〔北宋〕米芾：《致爽轩四首》，转引自《米芾集》，湖北教育出版社，2002
年。

　　② 〔北宋〕米芾：《致爽轩二首》，转引自《米芾集》，湖北教育出版社，2002
年。

　　③ 〔北宋〕米芾：《发润州》，转引自《米芾集》，湖北教育出版社，2002 年。

岳祠，因政务闲暇，还经常前往润州居住，游山玩水，其对润州的喜爱之情可见一斑。

宋哲宗元祐七年（1092），米芾四十二岁，知雍丘县。同年二月，苏轼知扬州，二月二十六日到任，当时，米芾将知雍丘县，二人再次会面。据《晚香堂苏帖》记载："元章一日从众中问云：'人皆谓芾颠，请以质之子瞻。'东坡笑曰：'吾从众。'以下有'东坡'印章。"① 《侯鲭录》卷七记云："东坡在淮扬，设客十余人，皆一时名士，米元章在焉。"及同年九月，米芾已知雍丘，而苏轼亦自扬州召还京师，米芾乃"具饮饷之。既至，则又设长案，各以精笔佳墨纸三百列其上，而置馔其旁。子瞻见之，大笑就座。每酒一行，即伸纸共作字。以二小吏磨墨，几不能供。薄暮，酒行既尽，乃更相易携去，自以为平日书莫及也。"② 苏米二人，以酒为媒，畅饮挥毫，岂不快哉！对此，苏轼亦颇有畅怀之感，其《与米元章书》中曾曰："过治下得款奉，辱至礼之厚，愧幸兼极。"又曰："辱临访，欲往谢，又蒙惠诗，欲和答，竟无顷刻暇，愧负可谅。"可见，米芾知雍丘令期间，亦曾不时造访苏轼，往还切磋书画之作。雍丘在今河南杞县，距北宋都城开封不过二十多公里，二人见面自然不致过于艰难。据孔凡礼《苏轼年谱》记载，元祐七年（1092）七月米芾曾写信给苏轼，其文曰"前在扬州领所惠书"，足见前事不虚。同年七月二十二日，兵部尚书除命下，苏轼以兵部尚书、龙图阁学士除兼侍读，再返京师。这对于倾心仰慕苏轼的米芾而言，自然是大喜事一件。与后来知雍丘县期间的政事颇繁相比，与苏轼常来常往醉心诗文书画似乎更让米芾惬意，二人的深厚友情与日俱增，已足以抵消米芾执政雍丘

---

① 孔凡礼：《苏轼年谱》，中华书局，1998 年。
② 〔清〕翁方纲：《米海岳年谱》，转引自《米芾集》，湖北教育出版社，2002 年。

时的不快心情。二人书画交流频繁，时有晤面，把酒言欢，不亦乐乎。

事实上，元祐七年（1092）似乎可以说是米芾的幸运之年，米芾自二十岁起以母荫补秘书省校书郎，至四十二岁从润州州学教授卸任，浮沉宦海二十二年，官职几乎两年一换，但始终只担任过县尉、观察推官、州学教授之类的低级官吏，从未担任过治理一方的地方高级长官。至此，米芾受命任雍丘（今河南杞县）县令。对米芾而言，终于有一个可以施展才华实现理想抱负的机会，无疑是值得欣喜和期待的。

但理想的美好始终敌不过现实的残酷，米芾一生难得的一次仕途上的时来运转，却在巨大的自然灾害面前遭遇接二连三的沉重打击。先是淮海东路大旱，后又导致蝗虫成灾，天时地利皆不顺。苏轼的《记张元方论麦虫》一文曾提及这次蝗灾："元祐八年五月十日，雍丘令米芾有书，言县有虫食麦叶而不食实。"① 另外，北宋周紫芝《竹坡诗话》中记载了一首《驱蝗虫诗》："蝗虫本是天灾，不由人力挤排。若是敝邑遣去，却烦贵县发来。"《春渚记闻》卷二亦有录，其名《雍丘驱蝗诗》，诗曰："蝗虫元是空飞物，天遣来为百姓灾。本县若还驱得去，贵司却请打回来。"诗中以一种戏谑的口气陈述了蝗虫天灾人力难以左右的浅显道理，既不失为官之体，亦无伤双方和气，读之让人忍俊不禁，不得不感叹诗人的才思敏捷与幽默狡黠。周紫芝《竹坡诗话》所录无作者姓名，尚不能确认该诗是否为米芾之作，也无法证明为雍丘县的旱灾、蝗灾，但苏轼《记张元方论麦虫》以及《春渚记闻》之《雍丘驱蝗诗》则有名有姓有地点，足以证明此事不虚。而且以米芾机敏狡黠的个性，加上对当时朝廷赈济官员的不满，作出这样的打油诗自然合情合理。

① 孔凡礼：《苏轼年谱》，中华书局，1998年。

朝廷派来的专门赈济官员与机构官僚作风严重，对同样遭遇旱灾与蝗灾的雍丘县不仅不发放赈济粮款，反而不停地催逼其缴纳夏税，正如米芾诗中提到的那样："一司日日下赈济，一司旦旦催租税。""单杖请出三抄纳，百姓眼中聊一视。白头县令受薄禄，不敢鞭笞怒上帝。救民无术告朝廷，监庙东归早相乞。"① 一边是周边各州县纷纷领到赈济钱粮，一边却是上司部门越来越紧的催逼租税，这首《催租》语言朴实直白，形象生动地表达出对遭遇灾荒时上司部门在赈济灾民方面不合理做法的不满情绪，作为掌管一方百姓父母官的无奈与愤怒跃然纸上，其中隐喻的拳拳爱民之心与无奈之情，彰显的正是一个恪尽职守、爱民如子的封建县令形象。然而，位卑言轻的"白头县令"，面临着"救民无术"的困境，除了愤怒与无奈，还能怎样呢？最终，性格耿直而放荡不羁的米芾毅然决定放弃雍丘县令的现职，此时，他担任雍丘县令仅一年有余。此外，《米芾集》中还收录了一首《求监庙作》诗，诗曰："窃禄江湖事不撄，微祠旧足代深耕。敢为野史摅幽愤，待广由庚颂太平。"② 似乎亦作于此时。

元祐八年（1093），高太后驾崩，宋哲宗亲政，对内极力恢复宋神宗时期的熙宁变法政策，不仅追贬司马光、苏轼、苏辙等守旧派官员于岭南一带，而且重新起用革新派如章惇、曾布等人，并力图恢复王安石变法中的《保甲法》《免役法》《青苗法》等措施，减轻农民负担；对外多次出兵讨伐西夏，迫使西夏向北宋乞和，国势颇有中兴之兆。

"救民无术告朝廷，监庙东归早相乞。"米芾主动向朝廷求取了一个"嵩山崇福宫监庙"的闲职。元祐九年（1094），愤而辞职的米芾改监中岳祠（嵩山），这一年，米芾四十四岁。米芾有一个别号"中岳外史"，就是

---

① 〔北宋〕米芾：《催租》，转引自《米芾集》，湖北教育出版社，2002 年。
② 〔北宋〕米芾：《求监庙作》，转引自《米芾集》，湖北教育出版社，2002 年。

中岳庙

由这个官职得来的。他获此任命后，还写了两首诗，其墨
迹留存至今，就是《拜中岳命诗帖》。应当说，从这个事
件看，米芾对政治原本是存有相当期待的。其《拜中岳命
作》诗曰："云水心常结，风尘面久卢。重寻钓鳌客，初
入选仙图。鼠雀真官耗，龙蛇与众俱。却怀闲禄厚，不敢
著潜夫。常贫须漫仕，闲禄是身荣。不托先生第，终成俗
吏名。重缄议法口，静洗看山睛。夷惠中何有，图书老此
生。"这是一首托物言志的讽喻诗，表面上，米芾描写了
他对与云水为伴、悠然自得的自由生活的向往，实际上却
隐喻着身处于鱼龙混杂的官场中的身不由己之情，讽喻意
味十分浓厚。诗中多援引典故，诸如"钓鳌客"，就出自
诗仙李白与当时宰相的对话，李白曾经自称"海上钓鳌
客"，宰相问曰："钓巨鳌，以何物为钓线？以何物为饵？"
李白答曰："以虹霓为丝、明月为钩，以天下无义气丈夫
为饵。"通过诸如此类的典故，米芾不仅声明了自己的远
大抱负，同时也对那些谗言陷害他的人进行了巧妙的讽刺

与回击。

《拜中岳命作》帖，纸本，行书，纵 29.3 厘米，横 101.8 厘米。现藏北京故宫博物院。中岳祠庙监，是名副其实的闲差，光从字面意思分析就可以知道，这个所谓的庙监只有在朝廷祭祀中岳祠的时候才发挥一下作用。按宋代惯例，五岳祭祀年各一次，凡遇大赦方增加祭祀次数。任职中岳祠庙监（1094—1097）三年，政务闲暇可想而知，因此，出外游历是米芾当时的生活常态，江南之地山清水秀人杰地灵，是米芾最喜欢的去处，润州更是长居之所。生活惬意，心情舒畅，遂到处寻访法帖名迹，借以排解去官的不快情绪，权作休息。

元祐九年（1094），米芾奉命作《明道观壁记》，记曰："大中祥符既降，天子本尊祖之义范，容奉于玉清髹木之式。安于明道，背负乾冈……后八十三年观宇隳，徒弗虔，吏弗视。壬申八月，伻图以请，明年九月，始得钱三十万，乃完。元祐甲戌正月五日令臣芾谨记。"宋真宗大中祥符元年（1008）春正月，有"黄帛曳左承天门南鸱尾上"，诏命供奉于明道观中，元祐七年（1092），因观宇破败而重建，次年完工，诏令米芾作记。据此，则明道观当在嵩山。《章圣天临殿记》曰："章圣天临殿者，真宗膺符稽古成功让德文明武定章圣元孝皇帝之御座也……及臣之至者，八十三年矣。"据此，该记亦作于此年，米芾书丹刻石。

绍圣元年（1094），米芾游历江南后归嵩山，作《露筋之碑》，其文末曰："绍圣元年十月中岳外史米芾东归，过其下刻石。"

绍圣二年（1095）八月，米芾在浙江一带，有诗《绍圣二年八月十八日观潮于浙江亭书》传世，其诗曰："怒势豪声进海门，州人传是子胥魂。天排云阵千雷震，地卷银山万马奔。高与月轮参朔望，信如壶漏报朝昏。吴争越战成何事，一曲渔歌过远村。"天雷呼啸，涛声怒吼，云层翻卷，浪花纷飞，高可参月，精如壶漏，气势无比壮观，结尾两句更是如神来之笔，昔日吴楚争霸，今日渔歌悠扬，物是人非的感慨，信手拈来。此次杭州浙江亭观潮，是米芾中岳祠庙监任上江南游历途中所作，心态平和，境界悠远，诗歌意象亦颇为奇崛。

绍圣四年（1097），米芾中岳祠庙监任期满。随后，任职涟水军（在今江苏淮安）。涟水为汉襄贲县地，隋朝改为涟水，故城在今江苏涟水县北。北宋太平兴国三年（978）升涟水县为涟水军，属淮南东路。熙宁五年（1072）五月改为涟水县，隶楚州。元祐二年（1087）复为涟水军。北宋时期实行路—府、州、军、监—县的虚三级地方行政制度，军大多设置在沿边地区，下辖县、城、镇、砦、堡等机构，设在内地的军，一般兼领县政，形同州级，因此，此次米芾知涟水军，从行政级别上看，比前任的雍丘县令要稍高一级，职权也要稍大。但是米芾因受雍丘催租事件的影响，似乎有点兴致阙然，可见，催租事件对米芾的心理还是产生了不小的影响，他对政务的重视程度明显降低，态度也显得有些散漫不羁。

楚州之地，下属五邑，涟水为其一。米芾知涟水军使之初，楚州政务闲暇，殊少酷吏扰民之事，米芾《狱空行上献府公朝奉麾下涟水令米芾皇（惶）恐》一诗对此颇有歌颂，所谓"……晋昌唐公名世后，清风素节为时宗。五更三点运精思，众人安寝吏计穷。百姓小妄赦不罪，庶几小屈能自致。五邑来者初亦汇，久而官悚吏皆畏，虽欲呼之亦不至。乃知狱空空有理，百万无冤无枉吏。来者迎刃无留滞，赦来两狱久无事……"。上级行政部门的政简务闲一定程度上也影响了米芾的为官态度，这或许也是米芾在涟水军使任上轻视政务的原因之一。

涟水之地，多有奇石，这正中了天生爱好奇石的米芾下怀。据野史记载，米芾初到任涟水，便开始大量搜集奇石，赏鉴把玩，有时甚至整天待在书房之中，足不出户。

地方长官不理政事，公务荒疏可想而知。于是，这个消息很快就传到了督察使杨杰的耳中。杨杰亲自跑到涟水军进行监察规劝，当面正颜厉色地警告米芾："朝廷将千里的郡邑交付给您，历任官员即便整天汲汲于公务，都还担心有所欠缺呢，怎么能够整天玩世不恭、不理政务呢？如果不能改正，那么我将上奏朝廷，到时悔亦何及！"封建社会中，官员不理政事本身就是非常严重的失职行为，再加上上司监察官员声色俱厉地警告，换作一般人，估计早就

涟水奇石

惊恐万状跪地求饶了，但是米芾偏不。有野史记载，当时，米芾不但没有丝毫的畏惧和惶恐，反而非常镇定自若地走到杨杰面前，从袖子中取出一块嵌空玲珑的漂亮石头，上面布满了峰峦、洞穴等种种形状，颜色极为清润。米芾举着石头，翻转把玩，并且问道："像这样的石头，怎么能够不爱呢？"没想到，杨杰根本不为所动。米芾一

见对方不理，又拿出另一块石头，只见该石上层峦叠嶂，比第一块更加奇特巧妙，然而，杨杰依然不动声色。万般无奈之下，米芾又拿出一块石头，这可是米芾最为珍爱的一块奇石，真可谓鬼斧神工，穷尽了天镂神镂的奇妙，再次试探地问道："像这样的石头，怎么能够不喜爱呢?"结果，出乎意料的是，杨杰突然来了一句："不只是你喜爱，我也喜爱。"于是，一把从米芾手上夺过那块奇石，转身登车离去，从此以后，便对米芾的失职问题睁一只眼闭一只眼。①

　　除醉心奇石以外，游山玩水是米芾公务闲暇时最惬意的事情。海岱楼为涟水名楼，也是米芾经常光顾的名胜，著名的《蝶恋花·海岱楼玩月作》就是米芾登楼赏月时的感怀之作。"千古涟漪清绝地。海岱楼高，下瞰秦淮尾。水浸碧天天似水。广寒宫阙人间世。霭霭春和生海市。鳌戴三山，顷刻随轮至。宝月圆时多异气。夜光一颗千金贵。"该词从海岱楼的地理位置入手，尽述涟水全境的形胜之处。涟水号称水乡，境内有中涟、西涟、东涟诸水，黄河夺淮入海亦自此地经过，东濒大海，北临运河，水乡清绝，故米芾以"涟漪"称之。

　　绍圣四年（1097）至元符二年（1099），米芾担任涟水军使三年。政务闲暇之余，颇醉心于搜罗奇石名帖字画，广有交游，创作了大量的诗文书画。仅与薛绍彭、刘泾等人探讨书画心得的诗词就有《自涟漪寄薛绍彭》《刘泾收得子鸾字帖云是右军余恐是陈子鸾薛绍彭亦云六朝书又得像余时在涟漪答以诗云》等数首；其余诸如《中秋登海岱楼作》《去涟水》《减字木兰花·涟水登楼寄赵伯山》等，亦作于涟水任上。文章则有《涟水军唐王侍御庙记》《涟漪瑞墨堂书》等。至于书画作品，更是数不胜数。著名的《海岱楼诗帖》即作于此时。海岱楼是涟水最有名的

_____

① 〔清〕潘永因：《宋稗类钞》卷四《放诞》。

风景名胜之一，米芾常去海岱楼上，远眺风景。另外，《阮郎归·海岱楼与客酌别作》《蝶恋花·海岱玩月作》等词也是米芾涟水军使任上所作。

无心理政的米芾，一边四处搜罗奇石名作，一边游山玩水，自由自在，不亦乐乎。闲暇之余，便与诸多知交好友探讨书画创作及心得，正所谓"老来书兴独未忘，颇得薛老共徜徉。天下有识推鉴定，龙宫无术疗膏肓……淮风吹戟稀讼牒，典客闭阁闲壶浆。……部刺不纠翰墨病，圣恩养在林泉乡"①，完全一副逍遥自在的神态。对于他而言，涟水军似乎不是他治下的一方土地，而是他寄情翰墨、游戏艺术的宝地。薛绍彭擅书，且精于鉴赏，与米芾趣味相投，意气相尚，故二人多有书信往还。

绍圣四年（1097）大旱，久不降雨，米芾特于四月三十日祈雨于神，次日，即降甘霖。为了酬谢神灵普降甘霖，米芾专门提前斋戒一日，率众人出城，举行隆重的谢神仪式。乡绅百姓自愿为唐王侍御建庙。庙建成之后，米芾亲为记文，写就《涟水军唐王侍御庙记》一文，此文详细叙述了唐王侍御庙的建成过程。其文笔超人，构思巧妙，可谓绝妙。文章以《易经》句"地中有山，谦"开头，然后叙及淮海维扬之山，奇形怪状，气势恢宏，如此美景名山，当有神明护佑，唐代王侍御之庙呼之欲出，所谓"大山大泽，神明之封，而郁堤山，唐侍御王公主而祠之"也。随即交代庙宇建立的前因后果，"绍圣丁丑，丹阳米芾窃席是邦，政不中民，夏旱，四月晦，斋戒请雨。翌日，雨降浃尺，方惧应之速，惕惕益料政僻，弗契于神，灾且随至。父老海客载沉水百两诣牙门，曰：'神应，公其谢雨于神。'余答曰：'神，父母汝久矣。'于是斋一日，出郊，耆稚万人以从，萧芗满宇，薰燎达天。一人踞

---

① 〔北宋〕米芾：《自涟漪寄薛绍彭》，转引自《米芾集》，湖北教育出版社，2002 年。

曰：'某为堂。'一人踞曰：'某为庑。'已而庙成，翼翼殖殖，威仪肃然。"①此次祈雨灵验之事，时任参知政事高绅、翰林学士王禹偁、端民殿学士钱明逸、虞部员外郎胡若等皆有文记载。

丹徒为米芾故乡，其父母皆归葬于此，其地山水奇观，人文胜景，美不胜收，甚得米芾青睐。所谓"带江万里，十郡百邑，缭山为

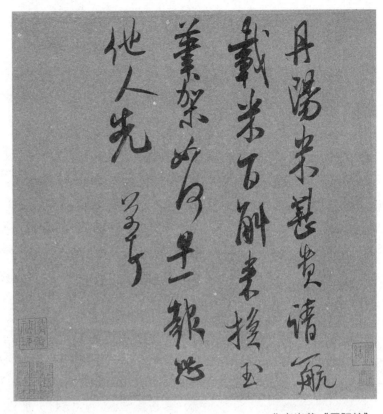

北宋米芾《丹阳帖》

城，临流为隍者，惟吾丹徒。重楼参差，巧若图刋，地灵极倪而云霞出没，星辰挂腹而天光不夜，高三景小万有者，惟吾甘露。东北极海野，西南朝数山者，谓之多景。然台殿羽张，宝堵中盘五州之后，与西为阻。若夫东眺京岘，西极栖霞，平林坡陀淮海之域，远岫隐见滁泗之封。"② 甘露寺、多景楼等，都是米芾平生最爱游览光顾之地。净名斋，在丹徒甘露寺内，居半山之上，左可观晨曦垂虹，右堪睹星辰明月，秋有千林霜落，东有万岭雪饶，西郊赏春，南岩观秋，人处其中，遂怡然而生归隐之心！故叹曰："襄阳米芾，字元章，将卜老丹徒，而仲宣长老

---

① 〔北宋〕米芾：《涟水军唐王侍御庙记》，转引自《米芾集》，湖北教育出版社，2002 年。

② 〔北宋〕米芾：《净名斋记》，转引自《米芾集》湖北教育出版社，2002 年。

以道相契会。"观此《净名斋记》，似乎米芾已有归隐山林之意，常与仲宜长老谈佛论道。其后附录蒋颖叔诗一首曰："京城汩没兴如何？归棹翩翩返薜萝。尽室生涯寄京口，满床图籍锁岩阿。六朝人物东流尽，千古江山北固多。为借文殊方丈地，中间容取病维摩。"该诗对当地的自然胜景文化意蕴颇多赞誉，与仲宜长老乃以末句"中间容取病维摩"名其居处，该记作于元符某年八月十五中秋节，时米芾在涟水军任职。

瑞墨堂，据说是米芾任涟水军使时的书画之室，环境幽雅，其七言诗《自涟漪寄薛绍彭》中的"近树对山风景聚，墨池濯砚龟鱼藏"，或许就是指这里吧。涟水地处黄淮平原之上，境内少山，米芾便四处搜集奇石而作假山，今涟水五岛公园内"米公洗墨池"或许即米芾所云之"墨池"。米芾一生，酷爱奇石，涟水之地近灵璧，奇石甚多，清人潘永因《宋稗类钞》记载："米元章守涟水，地近灵璧，蓄石甚富，一一品目，加以美字，入书画室终日不出。"瑞墨堂便是米芾品石的根据地。岳珂的《宝真斋法书赞》记载了南宋开禧二年（1206）其造访涟漪瑞墨堂的经历。因宋金战争之故，昔日瑞墨堂已毁于兵燹，仅见"荒垒颓垣中，有十数立石，皆灵璧，奇甚"。此后，历经岁月变迁，瑞墨堂之灵璧石多有散佚，清代杨锡绂《四知堂文集》卷三十三有《安东芾石》一诗，其曰："襄贲旧邑水云隈，此日黄流到海廻。珍重衙斋留片石，千年曾见米颠来。"杨锡绂为雍正五年（1727）进士，其活动时代在清代前中期之交，可见，清代中期，安东县署衙、县署西斋的"米公石"尚在。

米芾在瑞墨堂也创作了大量的书法作品，诸如《狱空行帖》《道林诗帖》《宝月观诗帖》《跋快雪时晴帖》《跋李邕胜和帖》《元章为涟水令时与贺方回、王彦舟诸公往来诗帖》《中秋登海岱楼诗帖》等。对此，南宋岳珂《宝真斋法书赞》、明代张丑《清河书画舫》、清代卞永誉

《式古堂书画汇考》、清代倪涛《六艺之一录》等均有著录。清代高士奇曾作诗称赞米芾诸体诗卷："蜀缣织素乌丝界，米颠书迈欧虞派。出入魏晋酝天真，风樯阵马绝痛快。想昔秋登海岱楼，笔势江渡各澎湃。清雄超妙气凌云，一洗胸襟顽与隘。"① 据说，有一年中秋，米芾登海岱楼赏月后，诗兴大发，作《中秋登海岱楼诗》，返回瑞墨堂后即挥毫泼墨，结果连写三四遍都不满意，自己感觉"间有一两字好，信书亦一难事"，明代都穆曾为此帖作题跋赞赏米芾严于律己的书法创作态度，称"夫海岳书，可谓入晋人之室，而其自言乃尔，后之作字者何如耶？"此帖后来流入日本，曾被日本平凡社辑入影本《书道全集》。此外，米芾在瑞墨堂创作的诗文亦有不少，其《涟漪瑞墨堂书》诗曰："陟巘不自期，孤云挂松顶。一揖不相期，飞云无留影。云已去，泉更长。云泉毕世友，相得每相忘。"品石作诗，创作书画，其《净名斋记》亦作于此处。

　　当然，品石作书之余，米芾四处搜罗故帖名画之癖好不改，据其《画史》记载："涟漪蓝氏收晋画《浑天图》，直五尺，素画，不作圜势，别作一小圈，画北斗紫极，亦易于点阅。又列位多异于常图。余尝作《天说》，以究天地日月旁侧之形、盈亏之质，作成《昼夜图》六十本，因得究潮候大小。又为《昼夜六十图所引六经》，以黜古今百家星历之妄说。又著《潮说》，以证卢肇、皮日休之缘饰释氏假佛之诡论。将上之御府，藏之名山。"米芾搜罗历代名帖名画过程中，不经意间在涟漪蓝氏家中见到晋画《浑天图》一幅，观其北斗紫极等列位与寻常图大异，乃作《天说》。并作《昼夜图》六十本、《昼夜六十图所引六经》《潮说》等，不仅记录了晋人《浑天图》之大致内容，而且对与此相关的天候、潮汐等进行了相关研究，其知识之渊博可见一斑矣。

---

① 〔清〕高士奇：《题宋米南宫诸体诗卷》。

元符元年（1098）二月，朱长文病卒，米芾深感惋惜，乃为之作《乐圃先生墓表》。朱长文（1039—1098），字伯原，号乐圃、潜溪隐夫，苏州吴人（今属江苏），北宋著名的书学理论家。嘉祐四年（1059）进士，授秘书省校书郎，后召为太学博士，一生著书立说，有藏书楼号"乐圃坊"，藏书二万余卷，多收藏历代珍本秘籍，闻名京师。所辑周穆王以来金石遗文、名人笔记，作《墨池》《阅古》两篇，为较早搜罗金石学遗文之名篇。著有《吴郡图经续集》《墨池编》《琴台记》《乐圃余稿》《乐圃集》等。米芾在吴郡时，与朱长文过从甚密，故作此墓表以怀之。

元符二年（1099）春，米芾离涟水军使任，任蔡河拨发。离任之时，作《去涟水》一诗，诗曰："长日开闲境，春风美鼻雷，黄绅依旧暖，牙鼓莫相催。"表达了其对涟水的留恋与不舍之情。同年暮春十日，米芾至丹阳，明代张丑《清河书画舫》著录米芾墨迹《壮观赋》，落款"元符己卯暮春十日海岳楼中书"，可见，此时，米芾已离开涟水到达丹阳。米芾任涟水军使三年，清正廉明，政简刑清，经济繁荣，人民安康。涟水百姓深感米芾清风，常流连于墨池之畔，追思怀远。涟漪八景中的"墨池飞雾"就是涟水人难忘米芾恩德的真实写照。

元符三年（1110），米芾居丹徒，是否如前任监中岳祠、洞霄宫之类，政务闲暇不必久住，不得而知。次年，蔡京遭贬出京，至丹徒，米芾与贺铸同谒蔡京。

宋徽宗建中靖国元年（1101），米芾任江淮荆浙等路制置发运司管勾文字之职，任职地点在真州（今江苏仪征）。真州为漕盐转运枢纽，江南、淮南、湖北、浙江等地粮食皆经此地转运到京师。同年年底，米芾自京城南下到达真州。发运司设发运使、副使和判官等职，至于"管勾文字"，不过是主管漕运粮食的交接、统计之类的文字工作的闲职，与需要处理一郡事务的涟水军使相比，是比较轻松的，所以他有更多的时间从事自己喜欢的事情——

书法绘画。据说，即使是四处游玩，他也将宝晋斋的牌匾随船携带，所有的自己珍爱的藏品全部装船，船走到哪儿，便将宝晋斋的牌匾和珍爱藏品带到哪儿，藏品把船上堆得满满当当，只剩下一领席子大小的空间可以供人起居行动、休息坐卧。他与这些藏品朝夕相处，废寝忘食，其行为真可谓癫也。米芾所经之处，无人不知，声名远扬江淮之间，当地人遂称其船为"米家书画船"。对此，米芾充满着自得之意，其《虹县旧题二首》称："快霁一天清淑气，健帆千里碧榆风。满舡书画同明月，十日隋花窈窕中。"他白日乘船周游，观天高云淡，窈窕隋花，夜晚则醉卧满船书画中，望江山明月，可谓快活至极。

在真州的一年多时间里，政务闲暇之余，米芾登北山观景，赴长江听涛，与友朋至交聚会，倾心于书画创作与诗文吟哦，创作了不少珍贵的书法作品与诗词歌赋。据刘正成主编的《中国书法全集》记载，从建中靖国元

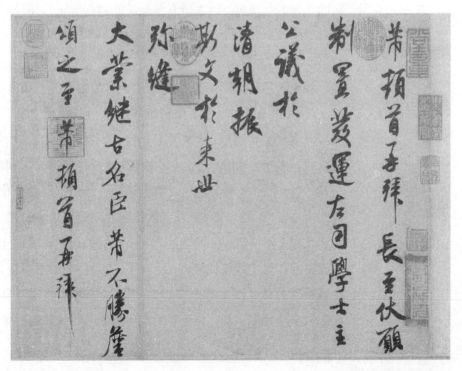

北宋米芾《长至帖》

年（1101）正月至崇宁元年（1102）四月间，米芾共创作了《向太后挽词》《长至帖》《太师行寄王太史彦舟》《临沂使君帖》《雨应帖》《自叙帖》《糖霜帖》《麝香帖》《章侯帖》《紫金砚帖》《珊瑚帖》《蒋永仲帖》《新恩帖》与《具状帖》十四幅书法作品，这些作品除了极少数纸本原迹以外，其余大部分作品早在南宋年间就已收录入《绍兴米帖》《群玉堂帖》和《英光堂帖》等大型法书丛帖之中，目前，北京故宫博物院、中国台北故宫博物院和日本等地均有保存。至于诗文创作，亦不在少数，著名者如《鉴远楼》《奉酬山甫》《奉呈彦昭使君壮观之赏》《壮观》《书淮岸舣舟馆秀野亭》《宝应道中》《高邮即事二首》等诗皆作于此时。

当时来往真州的官员很多，"冠盖相望，视他郡为盛"，真州城有两处迎来送往之所，即水路的鉴远楼（亦称亭），濒临长江；陆路的"壮观"在北山之上，有屋宇数楹。米芾对这两处地方情有独钟，除迎送客人，还经常独自登临鉴远楼和壮观，不仅为鉴远楼和壮观分别题了"江流啮岸"和"壮观"两块匾额，还创作了数首登鉴远楼、壮观的诗赋。其《鉴远楼》诗曰："赏心亭上群山雪，三夕丹渊借月华。吟尽江南清绝趣，亟行归觐紫皇家。"其《壮观亭》诗则曰："扶筇上瑶台，一笑领清绝。如何夜来风，独下前村雪。"① 其《壮观赋》气象庞大，开篇不凡："米元章登北山之宇，徘徊四顾，慨然叹曰，此壮哉江山之观也。"② 先声夺人，景色未入眼帘而气势磅礴。北宋政和五年（1115）至政和六年（1116）间，真州郡守詹度鉴于壮观"敝屋数楹，不蔽风雨"，遂斥资修缮屋宇，建亭台于其侧，取名壮观亭，并将米芾生前所题之"壮观"匾额与诗赋，悬、刻于亭上。明清的《仪征县志》记

---

① 〔北宋〕米芾：《壮观亭》，转引自《米芾集》，湖北教育出版社，2002 年。
② 〔北宋〕米芾：《壮观赋》，转引自《米芾集》，湖北教育出版社，2002 年。

载"壮观亭"称："政和中郡守詹度建米芾书扁作赋"。事实上，米芾卒于大观元年（1107），壮观亭建成的时候，米芾已离开人世九年。此《仪征县志》所记载的米芾书写匾额作《壮观赋》之事，虽确有其事，然米芾书匾作赋在先，而壮观亭建成在后，并非同时。除此二首之外，还有楚辞《壮观》一首，亦当作于此时。

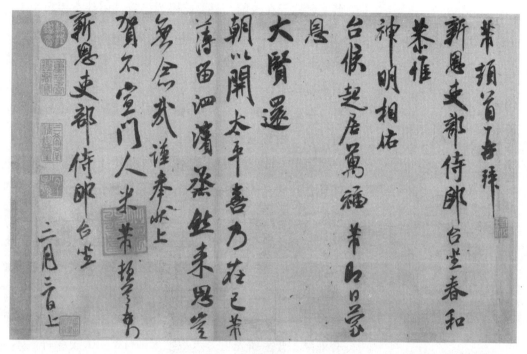

北宋米芾《新恩帖》

　　米芾在真州为官，诗画创作之余，交朋会友、诗酒应酬自然难免。《奉酬山甫》《奉呈彦昭使君壮观之赏》等诗即作于真州。《奉酬山甫》诗曰："每登鉴远楼，下视皇天荡。思挹落落人，凭栏揽万象。忽逢西浦士，谈彩何萧旷。养成谷口名，行见青藜杖。山色且淡浓，沤鹭翩下上。渔舟何者子，停月看烟浪。"《奉呈彦昭使君壮观之赏》诗曰："邀宾壮观不辞寒，玉立风神气上干。欲识谢公清兴处，千山万岭雪漫漫。"

　　自由自在无忧无虑的生活，助长了米芾原本就有的狂狷自得之气。据叶梦得《石林燕语》记载，米芾与蔡攸常晤面于河上，见蔡攸收藏有王羲之《王略帖》，心仪非常，欲以其他字画交换，无奈蔡攸坚决不肯，米芾百般恳求不得，遂撒泼要赖，以跳江相威胁，一边大声叫嚷着"如果不能如愿，那么我只好投江而死了"，一边手把船舷做欲坠江状，把蔡攸吓得不轻，无奈之下，只好把作品给他。这种硬夺人所爱的做法，似乎有些过分，但对米芾来说，名家名帖近在眼前，只要能得为己有，用什么手段又有什么关系呢！如果当时蔡攸始终不肯割爱，或许一代书画名家真的就投江而亡也说不定。所以，一个至情至性的米芾的背后，还有一个重友轻物的蔡攸！宋人的真性情可见矣。在真州期间，米芾对书画的酷爱，是大大加深了，同时"癫"的程度也加深了。

关于米芾因为一幅字帖以投江相要挟之事，清代《仪征县志》和《石林燕语》等书则是这样记载的："米芾诙谲好奇，在真州尝谒太保攸于舟中。攸出所藏右军《王略帖》示之，芾惊叹，求以他画换易，攸意以为难。芾曰：'公不见从，某不复生，即投此江死矣！'因大呼，据船舷欲坠，攸遽与之。"可见，此事的确发生在米芾真州任上，地点也确实在江上船中，但关于字帖的主人和字帖似乎稍有讹误。曹宝麟先生《米芾〈太师行寄王太史彦舟〉本事索隐》一文主张，帖主人并非蔡攸而是蔡京，帖也不是右军《王略帖》而是晋谢安的《八月五日帖》。一来，米芾与蔡京交谊甚厚；二来，以死威胁索得蔡京所藏《八月五日帖》这种强行夺人所爱的事，米芾绝对做得出来。曹先生在文章中指出："徽宗皇帝的端砚经他一用尚且敢昧死请赐，那布衣之交的蔡京当不在话下……所有这一切可笑的言行，都是他玩世不恭又惊世骇俗的天真本性的流露。"

任职真州期间，米芾与苏轼的交谊也愈加深厚。苏轼曾先后三次到真州会见米芾。据说，有一次，苏东坡在米芾居处见到了一方珍贵的研（砚）山紫金砚，非常喜爱，于是便借去随身观赏，临终时甚至想将这方砚台随葬。不

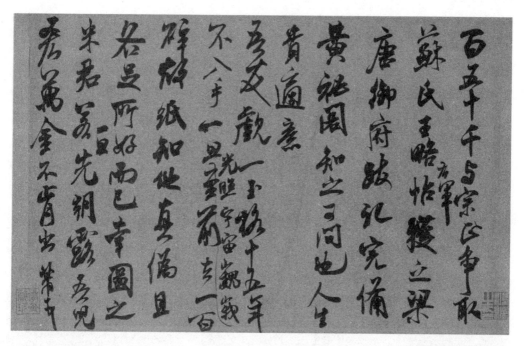

北宋米芾《王略帖》

知什么原因，此事并未落实，后来砚台又回到米芾手中。米芾《紫金砚》曾专记此事，这幅纸本行书随笔，现在仍藏在台北故宫博物院。文曰："苏子瞻携吾紫金砚去，嘱其子入棺。吾今得之，不以敛。传世之物，岂可与清净圆明本来妙觉真常之性同去住哉！"对苏轼欲将自己心爱之砚随葬之事委婉地表示不认同。

崇宁元年（1102），宋徽宗任命蔡京为相，重新恢复熙宁新政。五月，米芾作《王献之苏氏宝帖赞》，序之曰："右，《苏氏宝帖》，故连右军《快雪时晴帖》。元丰甲子获于子美子志东，探元子，国老孙也。"其赞曰："猗太宰，秀当代。灵襟疏，冲韵迈。一笔落，两行带。云龙廷，走百怪。惊电掣，断兕快。盘偃蹇，意无在。貌百川，会北海。人那知，冠千载。"[1]《苏氏宝帖》本为苏舜钦之子苏志东所收藏，元丰七年（1084），米芾与苏志东

① 〔北宋〕米芾：《王献之苏氏宝帖赞》，转引自《米芾集》，湖北教育出版社，2002年。

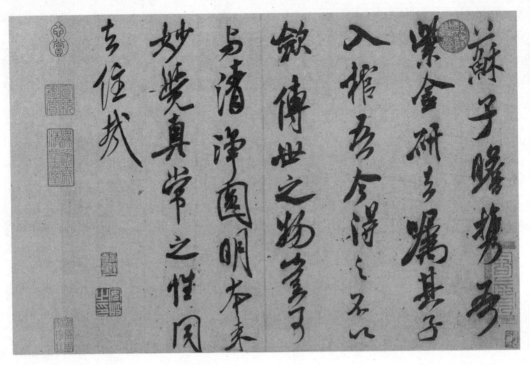

北宋米芾《紫金砚帖》

交换而得，视若珍宝。序末称"吾家宝晋斋碧梧廿本"，其意不甚明，或许是米芾宝晋斋中所收藏的前代名帖颇多，分类于碧梧二十本之中，不得而知。又有《焦山普济院碑》，米芾为之铭。

同年九月，徽宗诏令中书省进呈元祐年间反对新法及在元符中有过激言行的大臣姓名，蔡京以文臣执政官文彦博、吕公著、司马光、范纯仁、韩维、苏辙、范纯礼、陆佃等二十二人，待制以上官苏轼、范祖禹、晁补之、黄庭坚、程颐等四十八人，余官秦观等三十八人，内臣张士良等八人，武臣王献可等四人，共计一百二十人，号称元祐党人，立"元祐党人碑"于端礼门外，后"元祐党人"增加为三百零九人。大批官员被贬，朝中急需用人，于是蔡京向宋徽宗力荐米芾。

崇宁二年（1103），米芾应召回京，先后任太常博士、书学博士。米芾担任的太常博士一职，主要掌管朝中祭祀大事，官位为七品。任职期间，身处东京，与朝中官员多有往来。宋徽宗本人热衷于书画，亦经常召米芾入宫。据《宋史·文苑传》记载："米元章初见徽宗，命书《周官》篇于御屏。书毕，掷笔于地，大言曰：'一洗二王恶札，照耀皇宋万古。'徽宗潜立于屏风后闻之，不觉步出纵观。"有一次，宋徽宗诏米芾进宫书写御屏，米芾有《奉诏书御屏》诗，正是对自己所书御屏的描述，其诗曰"目炫五光开，云蒸步起雷。不知天近远，亲见玉皇来。"

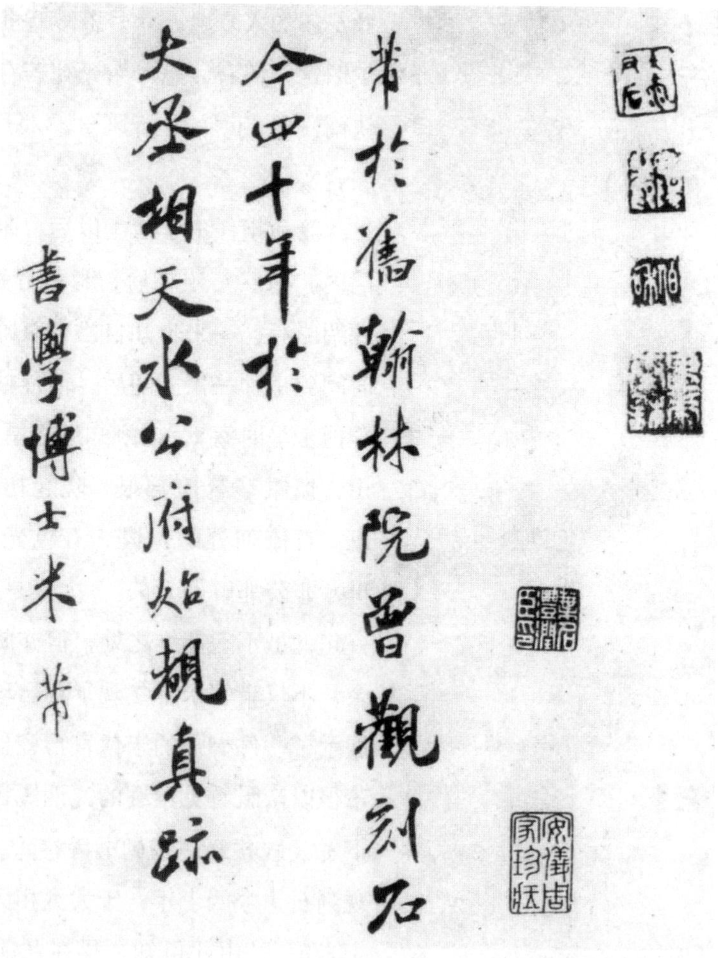

《群玉堂帖》录

北宋米芾《跋蔡襄赐御书诗卷》

《太常二绝》，当亦作于米芾太常博士任上，其一诗曰："尘埃彻脑老侵寻，误入清流听八音。鱼鸟难驯湖海志，岸沙汀竹忆山林。"另一诗则云："竹前竹后太常斋，风度箫韶识舜谐。博士拥书方彻卷，相公上马报当阶。"

太常博士任上，米芾因遭人举报陷害降官，因自请监管洞霄宫。洞霄宫，道教著名宫观，在浙江余杭大涤山下，因官务闲暇，故多赋闲在润州家中。据曹宝麟先生整理，米芾在太常博士卸任之后，曾监洞霄宫。米芾亦有《奉陪洞霄内阁拉殊师利宿穹窿本公故寺绝类岳麓感之而作》一诗传世，足见此事不虚。诗云："湘西衣冷榻留云，此夕还如入梦魂。六月薜萝嗟我欲，一生林壑与心论。吴王旧赏今何有，惠可余光宛若存。对榻深堂清话歇，长风快雨洗松门。"山高风急，六月的夜晚，尚存冷风寒气，颇合实际。

受命担任书学博士以后，米芾再度返京，仍居于保康门内。稍事安顿之后，米芾分别寄书于好友蔡肇、刘泾、薛绍彭等，一来告知自己在京师的地址，二来邀请他们有时间到京师一聚。随后，他拜帖求见蔡京，并作诗《除书学博士呈时宰》，以酬知遇之恩。其诗云："平生湖海看青山，惯佩笭箵揽辔艰。晓起初驰朱省路，霜华惭缀紫宸班。百僚朝处瞻丹陛，五色光中望玉颜。浪说书名落人世，非公那解彻天关。"尤其是结尾的"非公那解彻天关"一句，虽不乏恭维之处，但亦颇符合其心境。蔡京高兴之余，不仅带领米芾参观了自己珍藏多年的字画，还给米芾展示了一件御赐的宋代官窑瓷器。也正是这次会面，让米芾得以亲眼看见蔡襄的《谢赐御书诗卷》真迹，并亲自写下了《跋蔡襄谢赐御书诗卷》，其文曰："芾于旧翰林院曾观刻石，今四十年，于大丞相天水公府始睹真迹。书学博士米芾。"由此可知，早在此前数十年，蔡襄《谢赐御书诗卷》已摹刻上石，前溯四十年，则是 1063 年，即宋仁宗嘉祐八年，当时米芾年方十三岁，似乎尚未入朝为官，故米芾此说或有误，得考。

此次会面，米芾还从蔡京处得知了一个令他喜出望外的消息，宋徽宗要打破书画家数量上的限制，广纳人才，整顿和健全书画院的编制，制定并完善各种制度，并大大提高画院画家的政治地位，不仅允许画院画家们穿绯紫官服，而且准许书画院出职之人佩戴鱼饰，职别比较高的书画家可以上朝，且上朝时的站立班次以画院为首，书院、琴院、棋玉百工等皆在其下，画家、书家的地位将得到明显提高。宋徽宗赵佶是一个酷爱艺术的皇帝，书画造诣非常高，其独创的瘦金体书法挺拔秀丽、飘逸犀利，无人能

及。其在位期间，对北宋末年的书画艺术发展做出了巨大
贡献。正是在他统治时期，中国古代画家的地位有了明显
的提高，甚至可以说是中国历史上的最高位置，他不仅诏
令成立翰林书画院即当时的宫廷书画院，编纂《宣和书
谱》《佩文斋书画谱》等大型艺术丛书，而且首倡以书画
作为科举升官的考试方法，每年以诗词作题目，激发了许
多新的创意佳话。蔡京所谓的广纳书画人才，改革书画院
制度，正是宋徽宗酷爱艺术的具体举措。

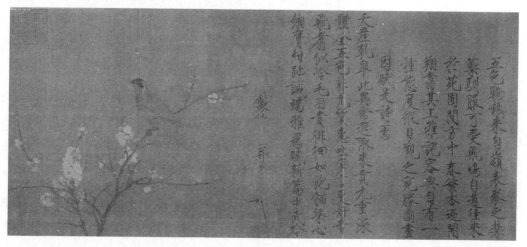

宋徽宗赵佶书画作品

　　表面上，米芾性格癫狂，一生官微言轻，故其仕途名
利之心颇为淡漠，为官任上常有惊人之举，不理政务，对
上官亦颇有不敬之处。然究其内心，虽未历科考而入仕为
官，但其自幼深受儒家传统思想影响，对"修身齐家治国
平天下"的儒家道德标准也相当认同，因此，职位的升迁
对米芾而言，也是非常重要的。这一点，仅从其传世诗作
中即可得知。《米芾集》中收录的众多诗文中，仅其担任
书学博士之后就有《拜书学博士作》《除书学博士呈时
宰》等首，其《拜书学博士作》诗曰："昔梦浮生定是
非，家山且喜隔年归。扁舟又出栏潮闸，出处初心老更
违。"似乎，米芾本人对书学博士的官职还是比较在意的。
　　书画学博士设立于宋徽宗时期，在此以前，并无此
职。因此，米芾作为宋徽宗钦命的书画学博士，自然有着

非同寻常的特殊意义。但是，对于米芾担任书画学博士的具体时间，学界却颇有争议。王力春先生的《北宋徽宗朝首任书画学博士考》认为，《玉海》卷四十五《书学》记载，"崇宁三年（1104）六月十一日，都学上书学敕、令、格、式"，同书卷一一二《崇宁四学》亦记曰："崇宁三年六月壬子建算学、书画学。"因此，北宋书画学博士一职应设于崇宁三年，崇年五年（1106）因校舍问题撤罢，不久后恢复，米芾为首任书画学博士，依据是明代张丑《真迹日录》卷一录《米南宫墨迹焦山铭》，上有米芾之子米友仁的跋文："元章为书画学博士书于国子监，时崇宁丙戌秋七月也。"崇宁丙戌即崇宁三年。

宋徽宗崇宁三年（1104），米芾五十四岁，仲春时节尚在书学博士任上，作《戴公之碑》，缅怀南朝宋之隐士戴颙。此后知无为军。无为在今安徽中部，古称濡须，其地南濒长江，北临巢湖，水运交通十分便利，隋文帝开皇元年（581）设县，取道家思想"思天下安于无事，无为而治"之意。宋代时期，南方经济虽然获得较大发展，但对无为而言，仍然地处偏远，发展缓慢。宋太宗太平兴国三年（978），增设无为军，隶属于淮南西路，下辖巢、庐江、无为三县。莫名遭贬又莫名复官，米芾的仕途在北宋中后期的熙宁变法、元祐党祸中起起落落，米芾的心情也随着政坛风云的复杂多变阴晴不定。

无为地处僻陋，交通不便，经济落后，自不可与东京、洛阳等京畿要地的风流繁华同日而语。米芾有书简于友人，称"濡须僻陋，月十日无一递，无一过客，坐井底尔"，身处穷乡僻壤之地，邮驿不便，与外界隔绝，且少有宾客往来，风声雨声，声声入耳；家事国事，事事不闻，不啻井底之蛙也。

这一年，米芾五十四岁。在无为军任上，米芾做了三件大事。其一，简化政务，务实从政，即所谓"政尚简易"，取消官场上的繁文缛节，不搞花架子，减轻了百姓的经济负担，颇有些"无为而治"的意思。其二，秉公执法，不畏强权，为民申冤，明代无为州知府刘师朱曾作文称誉其"清风浩气，至今袭人"。其三，收藏古代名帖字画，建立宝晋斋，将自己收集的谢安《八月五日帖》、王羲之《王略帖》和王献之《十二月帖》三帖翻刻上石。可惜，南宋时期毁于战火。后来，南宋曹之格重新摹刻，并增加了不少米芾手迹。现在的米公祠，即为昔日的宝晋斋。

　　据说，米芾在安徽无为县任县令时，曾巧断过这样一件案子。有个做买卖的李老汉，上县衙哭诉三家邻居赊欠了他的货款，赖账不还：一个邻居叫侯山，说要进一批山货，将李老汉的银子全借走了；另外两个邻居叫马有德和朱进城，说要帮李老汉换货，将他店里的货物悉数拿走了。但银两有借无还，货物有出无进，搞得他身无分文。米芾便把三个邻居找来对质，他们都异口同声："生意人讲究的是货银两讫，即使赊欠，也有凭证，他无凭无证，纯属诬告。"李老汉连声叫屈："大老爷明鉴，这三个恶邻欺小人目不识丁，所立借据都是伪证。幸亏我早做防备，记下账目，请大老爷审查。"说着呈上一卷画。三个邻居也不相让，说道："这种瞎涂乱画算得了什么账目？"米芾拿过画卷一看，见几幅画虽然画得都很粗糙，但形象可辨。他端详了一会儿，就频频颔首，若有所思，对三个邻居说道："这画卷，可是真凭实据，铁证如山，你们休得抵赖。"三个邻居还是不认账。米芾指着一幅画说："这里有只猴子背靠着一座大山在吃山货。难道不是你侯山赊欠他银子做山货生意吗？"然后，他指着另一幅画说，"这匹驮货的马，蹄下有个婴儿，但是马屈着腿没有往婴儿身上踩下去，这不就是马有德吗？这马驮的货正是你马有德搬走李老汉的货物。"米芾又指着一幅画说，"看这头猪在城门内拱食，这些食物都是人们吃的东西，明明指出你朱进城从李老汉店中搬走的货物。"在审理此案时，米芾特地将李老汉的街坊邻居都找来旁听，其中不乏有正义感的人。之前他们觉得李老汉拿不出账目，又讲不出画中的内容，所以有话也不敢说。现见米芾一眼看透了事实的真相，也就纷纷出头做证，说他们曾耳闻目睹三人向李老汉借过银两，搬过货物。而三人生意越搞越兴旺，李老汉却变成了个穷光蛋。米芾对着侯山等人斥责道："物证、人证俱在，你们还有何说？"侯山、马有德、朱进城三人见抵赖不过，只得当堂将本息全数归还给李老汉。李老汉收回本钱，重整旗鼓，生意又兴旺起来。

无为军的政务简易，为米芾搜集古代名帖字画、诗文书画创作、搜罗奇石创造了充分条件，由此，也造就了中国书画史上的不少佳话。此时的米芾，喜欢把玩异石砚台，已经到了痴迷的程度。有一次，米芾听说濡须河边有一块奇形怪状的石头，人们见此石形状异样，还以为是神仙之石，出于迷信心理，不敢妄加擅动，怕招来不测。米芾听闻，立即着人前往，将怪石搬到署衙中自己的寓所。怪石刚运到无为署衙，米芾便被其深深地吸引住了。此石高八尺有余，周身两人合抱不及，状貌奇伟，多孔多窍，皱似人形。米芾一边围着怪石四下打量，一边自言自语："吾欲见兄二十年矣。""兄足以当吾拜之。"于是命属下摆席设案，身着朝服，手握笏板，纳头便拜。此后，又改"石兄"之称曰"石丈"，其尊敬喜爱之意可见矣。

这种看似疯癫的痴迷态度，很快便传开了，一传十，十传百，不久就传到了京城，朝廷上下一时传为笑谈，认识米芾的人都说，"米颠这下更癫狂了"。当然，这种不合朝仪的行为，也给那些对米芾不满的人制造了话柄，据说后来，米芾就因穿着朝服叩拜石头而遭弹劾。但米芾一向对名利官场不甚看重，因此此事并未对他造成什么心理压力或阴影，最多算是稍有不满情绪吧，米芾曾作《拜石图》，或许就是发泄内心的不满情绪。明人李东阳《怀麓堂集》称："南州怪石不为奇，士有好奇心欲醉。平生两膝不着地，石业受之无愧色。"说的就是米芾醉心玩石与傲岸不屈。当然，米芾一生醉心于奇石，在长期的玩石实践中，也玩出了名堂，他所总结的鉴石要诀"瘦、秀、皱、透"，无疑开创了玩石的先河。

北宋米芾《拜石图》

但是，这些非议与挫折，都不曾改变米芾爱石的天性。无为军任上，偶然得到了一方端石砚山，爱不释手，竟然抱着它三天三夜，就连吃饭、睡觉都不放手，还特意请苏轼为之作铭。

米芾还命人在其官厅后面修建了一座小亭子，开凿了一个环形水池，四周用石砌就，以活水注之，养殖了不少水草鱼类。白日公务劳顿，于亭上小憩，远眺四野云山，近观池中游鱼，怡然而自得；夜间阅公文或作书画后，斜倚亭柱，听鸟唱虫鸣，观明月，沐清风，不亦快哉！夏日的某个夜晚，米芾正在亭中闭目养神。突然，池中蛙鸣不止，聒耳烦心。米芾一时气恼，从官舍中取来刚刚写过字的砚台，直接扔进池中，登时池中"蛙声顿寂"，此后，再不鸣叫。次日清晨，墨汁已将水染成淡淡墨色，一幅绝美的"泼墨图"生动地呈现在米芾眼前,欣喜之余,米芾随手大书"墨池"二字,悬于池畔。从此,人间便有了与江西临川的王羲之墨池齐名的第二个"墨池"。唐宋八大家之曾巩因此作《墨池记》,久为流传。

米芾知无为军期间,还曾为当地已故名医章迪作墓表一方。章迪,字吉老,出身于无为著名的医学世家,医术高超,尤精于针灸之道,"视肤透膜,随针病已,华(华佗)、俞氏不能过也①"。章迪医德高尚,好扶危济困,在当地威望极高。王安石曾专门作诗称誉其"卓荦相超文字外"。其子章济、孙章权,都是"超病如神"的名医。米芾感佩于章迪及其子孙的高尚医德与高明医术,应其子章济之请,为其书写墓表。这一年,是宋徽宗大观元年(1107),米芾五十七岁。

章吉老墓碑,原在无为县城西二里许一块空地上。碑身高一丈五尺,宽八尺。上端刻有两条螭龙,从两边拱卫而下。碑额大书"炎宋章吉老墓";六字三行,每行二字。字大六至八寸不等。碑身文字,三百一十三字。书体行楷相参,杂以个别草体。每字一寸至寸半之间。墓碑上方,有一房屋状的长方形巨石压盖顶端,颇为雄伟。该墓表书于米芾书法最成熟之时,又是为米芾所感佩的对象所作,因此,下笔如神,游走飞动,堪称他一生中的最高境界之作。该书已脱出米书以往那种"风樯阵马、快剑斫阵、强弩射千里"的劲猛之势、八面出锋的跳脱张扬,代之以一种飞鷙沉毅的"瑶岛散仙"之气,观之有群鹤腾霄、精健浩逸之感,深秋夜空下的高远星灿之叹。可惜,历经千年的风雨侵蚀,至今已损毁殆尽。米芾在无为军任上,亦曾四处游览,创作了不少诗文作品,如《仰高堂记》即作于崇宁四年(1105)。

①　〔北宋〕米芾:《无为章吉老墓表》,转引自《米芾集》,湖北教育出版社,2002年。

米芾尚晋人书法，宝晋斋是他得到晋王羲之《王略帖》、谢安《八月五日帖》、王献之《十二日帖》墨迹后自题的书斋名。时值北宋崇宁三年（1104），他将三种法帖摹刻上石，并于宝晋斋前掘池建亭，即墨池、投砚亭。遥想当年，米芾每于政暇之际便挥毫于亭中。宝晋斋即后来的米公祠，位于无为县城西北隅，为米芾知无为军时所建。北宋崇宁三年至大观元年（1107），米芾知无为军。他为官清廉，勤政爱民，时人感其德政，在他离任去世后，当地百姓于米公军邸的旧址上建米公祠以示纪念。

宝晋斋

徽宗崇宁五年（1106）米芾五十六岁，任书画学博士，后受命礼部员外郎。六月，作《跋颜书》，跋尾署"从九品下米芾记"，据《宋史·百官志》记载，太常博士为正八品，或许作于其监洞霄宫之时。一年后，米芾获得吏部员外郎的任命，虽然品秩不高，仅为七品，但在米芾一生三十多年的仕宦生涯中，始终只能担任下层官吏，这无疑算得上时来运转了，毕竟出现了进一步上升的势头。但是这个任命立即招来了反对之声，理由主要有以下几点：其一，"倾邪险怪，诡诈不情，敢为奇言异行以欺惑疑众，怪诞之事，天下传以为笑"；其二是"出身冗浊，冒玷兹选，无以训示四方"①。

次年，米芾知淮阳军，因病卒于任上，享年五十七岁。据说，临终之前，不食荤腥数日，沐浴静坐，及至将去，乃招军中僚属亲友，作《临化偈》一首曰："众香国中来，众香国中去。人欲识去来，去来事如许。天下老和尚，错入轮回路。"说完之后，掷拂尘而终。关于米芾坐化之事，颇有传奇色彩，恐有不实之处。

米芾自十八岁以母荫授秘书省校书郎进入仕途，至五十七岁病逝于淮阳军任上，前后为官近四十载，南起临桂、浛洸，北至沧州，足迹遍布大江南北，历任秘书省校书郎、临桂尉、浛洸尉、长沙掾、杭州观察推官、扬州幕府从事、润州州学教授、雍丘县令、中岳庙监、涟水军使、蔡河拨发、江淮荆浙等路制置发运司管勾文字、太常博士、监洞霄宫、书（画）学博士、知无为军、礼部员外郎、知淮阳军，等等。宦海浮沉，始终官秩不过七品，俸仅以养身，仕途困顿低迷。究其原因有二，其一，北宋崇尚"重文轻武"的统治政策，科举制度高度发达，米芾以母荫入仕，颇不合于当时的人才选拔制度，故深受士人歧视，这是米芾仕途始终困顿低迷的客观障碍。宋哲宗元符三年（1100），年近五十的米芾写给蒋之奇的信中即称："今老矣，困于资格……愿明天子去常格料理之。"大观元年（1107），宋徽宗任命米芾为礼部员外郎，官秩亦不过七品，可惜，尚未上任，即遭言官弹劾，称其出身冗浊等，都是不合常规的入仕方式严重影响米芾仕途的明证，米芾本人对此亦心知肚明却只能无可奈何。其二，米芾的自负癫狂、不拘小节、放荡不羁、不愿与世俯仰的个性，是他仕途低迷的主观原因。米芾为人正直，体察民生疾苦，欲为民请命而不能，对部分官吏鱼肉百姓颇有不满；醉心书画创作，痴迷收藏，甚至于将政事抛之脑后，屡遭

---

① 〔南宋〕吴曾：《能改斋漫录》卷十二。

上司官员如杨杰、张励等训斥；身有洁癖，朝服、朝靴屡被洗破，又叩拜怪石，呼之为父兄，有违朝廷礼制，备受指责等等，都是米芾长期不得升迁的原因。

不过，或许因为一生仕途困顿低迷，使米芾赢得了更多的时间和精力来玩石赏砚钻研书画艺术，这是历史赋予米芾的绝佳机遇。正是有了这种对书画艺术如痴如醉坚持不懈的追求，才最终成就了米芾在书法、绘画、收藏等方面的杰出成就。正所谓"天将降大任于斯人也，必先苦其心志，劳其筋骨，饿其体肤，空乏其身，行拂乱其所为也，所以动心忍性，增益其所不能"。

第三章　师友交游

　　米芾有一些志同道合的朋友，互相鼓励提携，人生路上不感孤独，且经由同一事物的热衷，可互通有无，彼此砥砺。他一生中有不少书画之友，自然为他提供了许多创作技巧及鉴赏之法。

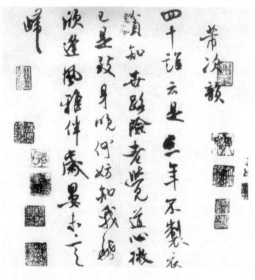

北宋米芾《跋苏东坡〈木石图〉》

（一）苏轼

　　苏轼是米芾一生倾心结交的前辈好友之一，年长米芾十五岁。苏轼青年时即与弟苏辙同中进士，诗、文、书、画无所不精，名扬天下。元丰三年（1080），东坡因作诗讥评时政，被贬为黄州团练副使，谪居黄州，米芾曾于惠州见苏轼之《海月辨公真像》题赞，心生敬仰，亦题字于其上。其《书海月赞跋》称："元丰四年，余至惠州，访天竺净慧师，见其堂张《海月辨公真像》，坡公赞于其上，书法遒劲。余不觉见猎，索纸疾书，匪敢并驾坡公，亦聊以广好人所好之意云尔。"[1] 当此之时，米芾尚年少官微，书名不显，对苏轼仰慕神交已久。此后，米芾离长沙掾之职，漫游四海，元丰五年（1082）旅居至杭州近郊，与黄州不远，故前往拜谒东坡。易苏民先生云："轼四十七岁，在黄州。……是月（三月），米芾初因马梦得来谒，馆于雪堂，遂与订交。"

　　① 〔北宋〕米芾：《书海月赞跋》，转引自《米芾集》，湖北教育春版社，2002年。

此虽为二人初次见面，但基于彼此书画上的同好，颇有相见恨晚之情，东坡不仅将珍藏的吴道子《释迦佛图》与其共赏，还亲绘一幅《枯木竹石图》赠之。《独醒杂志》亦曰："元丰中过黄州，识苏子瞻，皆不执弟子礼特敬前辈而已。"① 当时的苏轼已贵为北宋文坛之领袖，米芾书名虽著，然与苏轼之盛名相较，自然稍逊一筹，加之苏轼年长米芾十五岁之多，论常理当执弟子礼以待。此处所谓"皆不执弟子礼特敬前辈"，足见苏轼对米芾的赏识之情。

北宋苏轼《前赤壁赋》局部之一

北宋苏轼《前赤壁赋》局部之二

北宋苏轼《前赤壁赋》局部之三

①　〔南宋〕曾敏行：《独醒杂志》卷二，转引自《米芾集》，湖北教育出版社，2002 年。

此次会晤，二人就书画、文学创作进行了深入地探讨与交流，尤其是书画创作方面，对米芾日后的书法创作与艺术风格产生了巨大的影响。《跋米帖》曰："米元章元丰中谒东坡于黄冈，承其余论，始专学晋人，其书大进。"苏轼以自己多年的学书经验，建议米芾习书应跳出唐人法度的窠臼，以晋人风格为尚，米芾亦深以为然。自此，弃唐入晋，专习晋人，深谙晋人书法之高雅气韵，书艺突飞猛进，从此奠定了他在北宋书坛的崇高地位。

苏轼是中国历史上少有的文学、艺术全才，在诗、文、词、书、画等许多方面均取得了登峰造极的成就。苏轼善画，曾师法文同（文与可），其画竹、枯枝、乱石等皆有成法。其画墨竹师法文同，但比文同更加简劲，而且颇具掀舞之气势。其画枯木，枝干虬曲无端；其山亦师法文同，常以墨深为面，墨淡为背，石皴硬，形状奇怪无端，恰如胸中盘郁，常自称"与文拈一瓣香"，运思颇为清拔。米芾的《画史》对此有不少记载。其墨竹画法颇异于众人，别人画竹，大多逐节而作，苏轼则从下往上一笔到顶，"苏轼子瞻作墨竹，从地一直起至顶。余问：'何不逐节分？'曰：'竹生时何尝逐节生？'"①

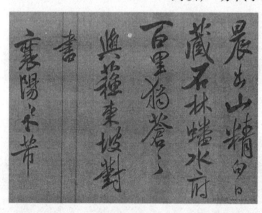

北宋米芾《与苏东坡对书》

元丰五年（1082），米芾初谒苏轼于黄州，把酒言欢，酒酣兴起，乃命米芾贴观音纸于墙壁之上，遂挥笔作两枝竹、一枯树、一怪石，赠与米芾，此画后来被晋卿借去未还，其《画史》记曰："吾自湖南从事过黄州，初见公，酒酣曰：'君贴此纸壁上。'观音纸也。即起作两枝竹、一枯树、一怪石见与。后晋卿借去不还。"②对此深感遗憾。

事实上，苏轼对这位年少十多岁的后辈亦非常赏识，

①②〔北宋〕米芾：《画史》，转引自《米芾集》，湖北教育出版社，2002 年。

常与之书信往还，交流书画心得。宋哲宗元祐元年（1086）六月，苏轼知登州，这一年，苏轼五十一岁。同年十月，朝廷以礼部郎中召苏轼回京，十二月二十日抵京。回京途中，苏轼曾寄书于米芾，名曰《与米元章书》，书曰："某自登赴都，已达青社……复思东坡相从之适，何可复得？"对昔日二人相识于黄州东坡、之后往还相处的友情表达了深切的怀念。当时，米芾尚在杭州推官任上。在此书中，苏轼还对米芾丧父之事表达了深切的关怀，"惟千万节哀自重"。二人情谊之深厚，可见一斑矣。

苏轼一生，文名、诗名、书名皆著，堪称北宋中后期的文坛领袖，其交友甚广，米芾与苏轼过从甚密，亦多因苏轼而结交众多文人贤士。元祐二年（1087）间，结交尤多。米芾诗《题子敬范妇唐摹帖三首》即作于此年，其《书史》称，当时唱和者众多，黄庭坚一首、蒋之奇三首、吕升卿二首、刘诠二首等，共成一轴。检《全宋诗》卷八二一，亦有苏轼《次韵米黻二王跋尾二首》，足见此事不虚。同年六七月间，苏轼等十六人于东京汴梁的王晋卿西园集会。李伯时绘《西园雅集图》，米芾作《西园雅集图记》。

据米芾《西园雅集图记》记载，参与此次宴集的十六人分别是苏轼、王诜、蔡肇、李之仪、苏辙、黄庭坚、李公麟、晁补之、张耒、郑嘉会、秦观、陈景元、米芾、王钦臣、圆通大师、刘泾。

王诜，字晋卿，宋初"功臣"王全彬的后裔、"将门之子"，太原人，自幼天资聪颖，过目不忘。诸子百家无所不知，琴棋书画无所不精，连皇帝也对他刮目相待。宋神宗熙宁年中，尚宋英宗第二女魏国大长公主，历官至定州观察使，封为"开国公"。官拜左卫将军、驸马都尉、利州防御使，善词，家中"宝绘堂"藏历代法书名画，精于鉴赏。

蔡肇，字天启，润州丹阳人，北宋著名画家，能画山水人物木石，且善诗，先后任吏部员外郎、中书舍人等职。初事王安石，多见器重。后从苏轼游，声誉渐显，有《丹阳集》。

李之仪，字端叔，沧州无棣（今山东庆云）人，宋神宗熙宁三年进士，元祐末年从苏轼于定州幕府，擅长作词，且以善尺牍而名，亦能诗，为苏轼所赞赏。

李公麟，字伯时，安徽舒州人，宋哲宗元祐间进士，后拜御史大夫。博学好古，尤善画山水、佛像。

晁补之，字无咎，济州巨野人，工书画，能诗词，善书文，与张耒、黄庭坚、秦观并称"苏门四学士"。

张耒，字文潜，"苏门四学士"之一，楚州淮阴人，熙宁六年（1073）进士，游学陈州时颇受学官苏辙爱重，后从学于苏轼，苏轼赞其文似苏辙，"汪洋淡泊，有一唱三叹之声"，评价甚高。

郑嘉会，字靖老，曾任职惠州，与苏轼友善，苏轼贬官儋州期间，曾因无书可读而求助于郑嘉会。苏轼曾有《与郑靖老书》，书曰"向不知公所存，又不敢带行，封作一笼寄迈处，令访寻归纳"，亦为当时之名士。

北宋李伯时《西园雅集图》

秦观，字太虚，又字少游，高邮人，官至太学博士，国史馆编修。散文长于议论，诗歌长于抒情，词工巧精细，音律谐美，情韵兼胜，是北宋著名的婉约派词人。又善书法，小楷学钟王，遒劲可爱；草书有东晋风味，行楷学颜真卿。

陈景元，道士，号碧虚子，居东京，米芾任书画博士后，常与其往来，其名不扬。

北宋李公麟《华严变相图》

王钦臣，字仲至，约生于景祐元年（1034），卒于建中靖国元年（1101），北宋著名藏书家、图书馆官员。应天宋城（今河南商丘）人，王洙之子。历陕西转运副使、工部员外郎、太仆少卿、秘书少监、集贤殿修撰等职，曾奉使高丽。博学善文，尤工诗，又精于校勘，极好藏书。

圆通大师，有学者以为即日本渡宋僧寂照和尚，俗名大江定基，笔者以为不然，据《中日文化交流史笔记》，寂照和尚于景祐元年（1034）圆寂于中国，而西园雅集之事在元祐二年（1087），此时距离寂照和尚圆寂已有五十三年，当有误。

刘泾，字巨济，号前溪，简州阳安（今四川简阳）人。熙宁六年（1073）进士，官太学博士、职方郎中等职。是米芾、苏轼的书画之友。

上述诸人，多与苏轼交游，"苏门四学士"赫然在矣，米芾亦因与苏轼交游，得以结识当时诸多名士，谈诗文，论书画，淡泊名利，意气相投，正如他在《西园雅集图记》结尾处感慨的那样："嗟乎！汹涌于名利之域，而不知退者，岂易得此耶？自东坡而下，凡十有六人，以文章议论，博学辨识，英辞妙墨，好古多闻，雄豪绝俗之资，高僧羽流之杰，卓然高致，名动四夷，后之览者，不独图画之可观，亦足仿佛其人耳。"①

米芾与苏轼相交既久，情谊日渐深厚，亦多有趣闻逸事，如宴席上质问苏轼之事。据时人赵令畤《侯鲭录》卷七记载："东坡在淮扬，设客十余人，皆一时名士，米元章在焉。酒半，元章忽起立，云：'少事白吾丈，世人皆以芾为颠，愿质之。'坡云：'吾从众。'坐客皆笑。"魏平柱先生的《米芾年谱简编》认为，这件事应当发生在苏轼知扬州之后、米芾知雍丘令之前。此事的发生，至少说明，众人称米芾为"米颠"，的确并非空穴来风。

元祐七年（1092），四十二岁的米芾知雍丘县。因雍丘县先旱后蝗，米芾还曾写信告诉苏轼。《全宋诗》收录的苏轼诗集中，不仅有《与米元章十九首》诗，而且有多首在题目中提及米芾之名，二人之书写往还之多可知矣。其中，《与米元章十九首》诗中，也曾多次提到"示诗"，不仅可知二人多有诗歌、书画往来，且诗多为米芾所作，而且苏轼对米芾之文采多有赞赏，诸如"示及数诗，皆超然奇逸，笔迹称石""二小诗甚奇妙""惠示殿堂二铭，词翰皆妙""重辱新诗为送，词韵高雅，行色增光，感服不可言也"之赞随处可见，至有"置之怀袖，不能释手""叹玩不已"之感，足见米芾之文采高超以及苏轼之欣赏。

徽宗建中靖国元年（1101），苏轼从岭南归来，与客游润州金山，米芾亦在场。当时有人请苏轼题名，苏轼谦虚地说："有元章在。"足见苏轼对米芾之书颇为推崇。米芾则曰："某尝北面端明，某不敢。"苏轼拍着米芾的肩膀说："今则青出于蓝矣。"米芾乃曰："端明真知我者也！"端明即苏轼，元祐八年八月，苏轼曾官授端明殿学士、龙图阁学士，故有此称。而米芾所谓"北面端明"，是指他

---

① 〔北宋〕米芾：《西园雅集图记》，转引自《米芾集》，湖北教育出版社，2002 年。

曾以苏轼为师之意，有了苏轼的赏识与赞誉，米芾愈加自
负了。

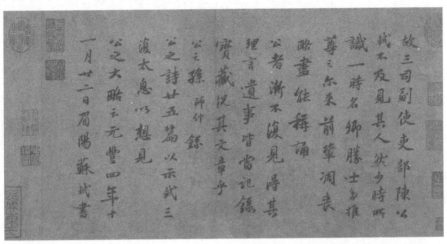

北宋苏轼《跋吏部陈公诗帖》（局部）

　　苏轼自儋州归，不幸染疾，米芾多次探病并送麦门冬
饮子于北沙东园。东坡有诗《睡起闻米元章冒热到东园送
麦门冬饮子》，诗曰："一枕清风直万钱，无人肯买北窗
眠。开心暖胃门冬饮，知是东坡手自煎。"有一天，病中
的苏轼躺在床上，听儿子念米芾的《宝月观赋》，听着听
着，忽然从床上坐起，病感觉也减轻了许多。苏轼《与米
元章》书九首中有"岭海八年……独念元章""恨二十年
相从，知元章不尽"之语。

　　苏轼患病期间，米芾见到苏轼题写于扇面的秦观《踏
莎行·郴州旅舍》词，颇多感慨，遂当场书写秦观词与苏
轼跋语，呈于苏轼，二人追忆秦观生前之事，唏嘘不已。
据说，此帖后来流传到郴州，郴州人为纪念秦观，遂将米
芾所书之秦观词、苏轼跋刻石。

　　同年七月，苏轼病逝，享年六十五岁。米芾闻此噩
耗，万分悲痛，特地在中秋时节为苏轼作挽诗五首，以示
哀悼。其诗序曰："辛巳中秋，闻东坡老向以七月二十八
毕此世。季夏相值白沙东园，云：罗浮尝见赤猿，后数入
梦。"诗中颇多"口不谈时经噩梦""忍死来还天有意，
免称圣代杀文人""我不衔恩畏清议，束刍难致泪潸然"

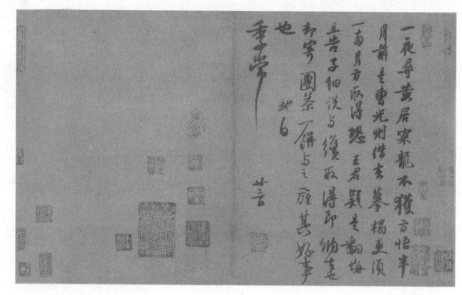

北宋苏轼《一夜寻黄帖》

"道如韩子频离世，文比欧公复并年"① 等句，通过其与苏轼之间的诗书往还与真挚情谊的追述，表达了对知己辞世的极度哀痛与万分惋惜之情，亦表达了对苏轼在文学、书画、艺术方面高超造诣的钦佩与追慕。

（二）王安石

米芾《萧闲堂诗并序》曰："四明从事晋陵钱君世京，字延叟，过襄阳，米芾曰：昨送李济明渡江，与汪行之复会萧闲堂，已彻幕，壁间有君像，而题曰权杭州观察推官米元章像，杨之仪笔。杨之杰赞曰：'君子之交，小人之雠，以人方人，叔度宜俦。'余以袖掩字，而问行之曰谁欤，行之曰君也。仆为检同气、德友、识面三编，无二君名姓。呜呼！古人论世取友，况同世哉。世复有三君子者，观文殿学士王公韶字子纯，枢密直学士刘公庠字希道，知仆，竟不识其面；选人蔡君肇，字天启，于相知间语仆，若素心腹者，云得仆于王荆公。盖仆于元丰六年赴

---

① 〔北宋〕米芾：《苏东坡挽诗五首》，转引自《米芾集》，湖北教育出版社，2002 年，第 16 页。

希道金陵从事之辟，会公谪不赴，始识荆公于钟山。"① 此
当为二人相识之始。

二人共同兴趣为书法，王安石少时常学唐人杨凝式
书，但无人得识，至米芾观其字，以其多年之学书经验，
即知出于杨凝式，米芾《书史》记曰："杨凝式字景度书，
天真烂漫纵逸，类颜鲁公《争座位帖》……纷披老笔，王
安石少尝学之，人不知也。元丰六年，余始识荆公于钟
山，语及此，公大赏叹，曰：'无人知之！'"② 米芾的才
能令王安石大为叹服，也因此成为书学好友。王安石长米
芾三十岁，且政治地位又是如此悬殊，因此二人交往并不
频繁，多基于王安石爱才惜才之心而颇关爱而已。据说，
王安石曾将米芾诗中之佳句摘录于扇面之上，王安石一生
自视甚高，诗文书法皆颇为自得，尚且摘录米芾之诗观赏
吟哦，其欣赏米芾之文采可见矣。

（三）蔡京

蔡京，字元长，福建兴化仙游人。北宋权相之一、书
法家，以贪渎闻名于世。宋神宗熙宁三年（1070）进士，
历任钱塘尉、舒州推官、起居郎、中书舍人、龙图阁待
制、知开封府等职。宋徽宗崇宁元年（1102），任右仆射
兼门下侍郎（右相），后更官至太师。先后四次担任丞相
之职，时间长达十七年之久。施耐庵《水浒传》中所谓的
"花石纲"之役就是蔡京兴起的。在位期间，改盐法和茶
法，铸当十大钱，被太学生陈东称为"六贼"之首。宋钦
宗即位后，贬蔡京于岭南，行至潭州（今湖南长沙）时
病死。

元祐元年（1086），司马光出任宰相，熙宁变法失败，
新法废弃；新人贬谪，作为王安石变法得力干将的蔡京，
自然无法幸免。据说司马光执政之后恢复差役法，限令众

① 〔北宋〕米芾：《萧闲堂诗并序》，转引自《米芾集》，湖北教育出版社，
2002年。

② 〔北宋〕米芾：《书史》，转引自《米芾集》，湖北教育出版社，2002年。

人五日内完成相关事宜，五日之后，满朝仅蔡京一人如约完成任务，悉改畿县差役，无一违者，从此，深得司马光赏识。后因御史谏官弹劾蔡京挟邪坏法，官贬成德军，此后辗转各地。

北宋蔡京《唐玄宗鹡鸰颂题跋》（局部）

元符年间，蔡京被贬官，因"东下无所归止，拟卜仪真以居与"，建中靖国元年（1101）到达真州，时米芾任职真州，遂与贺铸二人在江边亭子中与蔡京相见。蔡绦《铁围山丛谈》记载的一段米芾与贺铸因蔡京"龟山"大字而失和的趣事，正发生在此时。其曰："元符末，鲁公（蔡京）自翰苑谪香火祠，因东夏，无所归止，拟将卜仪真以居焉。徘徊久之，因舣舟于亭下。米元章、贺方回（贺铸）来见。俄一恶客亦至，且曰'承旨书大字世举无两，然其私意，若不过解赖灯烛光影以成其大。不然，安得运笔如椽者哉？'公哂曰：'当对子作之也。'二君亦喜，俱曰：'愿与观。'公因命具饭磨墨，时适有张两幅素者。食竟，左右传呼舟中取公大笔来。

即睹一笥从帘下出，笥有笔六七支，多大如椽臂。三人已愕然相视，公乃徐徐调笔而操之，顾谓客曰：'子欲何字？'恶客即拱而答：'某愿作龟山字尔。'公乃大笑，因一挥而成，莫不叹息。墨甫干，方将共取视。方回独先以两手作势，如欲张图状，忽长揖卷而急趋出矣。于是，元章大怒，坐此，二人告绝者数岁，而始讲解。乃刻石于龟山寺中，米老自书其侧曰：'山阴贺铸刻石也。'故鲁公大字，自唐人以来至今独为第一也。"贺铸与米芾同观蔡京书大字"龟山"，而贺铸伴作张图势而巧取之，米芾怒而与之绝交数年，宋人之真性情竟如此也。蔡京善书，尤善大字，其书为米芾、贺铸所看重，其书法造诣之精湛可想而知。

据说，米芾在真州任上，因上司张励对他颇有意见，常遭训斥。蔡京升任宰相之后，米芾就寄书蔡京，请蔡京帮忙将自己的职务调成与张励平级。这对蔡京来说，简直就是小菜一碟，当然立马照办。米芾拿到任命书后，立刻连夜制作了一张新名片，第二天天不亮就闯进张励府邸，把不明就里的张励吓得不轻。米芾的可爱与狡黠由此可见。

元祐八年（1093），哲宗亲政，重新使用变法者，任命章惇为相。不久，蔡京回都城，任户部尚书，协助章惇理政事，颇得章惇重用。此后，一路升迁，飞黄腾达。崇宁二年（1103），蔡京向宋徽宗力荐米芾，于是诏米芾为太常博士、书学博士。米芾回京后，历任太常博士、书画学博士，为此，特作诗《除书学博士呈时宰》以献，并专程登门拜访蔡京，以酬蔡京的知遇之恩。众所周知，米芾生性清高，自视甚高，对前代书家多有批评，即使是他非常敬重的苏轼等人，亦多有不满之处，但对蔡京却表现出某种程度的谄媚之态，是感激蔡京对自己的知遇之恩，抑或是畏于蔡京的权势，我们不得而知。一首《除书学博士呈时宰》，让蔡京非常高兴，也为二人的会面营造了轻松的氛围。闲聊中，蔡京问米芾，当今书法何人最好？米芾回答说，自唐柳公权之后，当属您和您弟弟蔡卞了。蔡京又追问，那其次是谁呢？米芾很自然地回答道，那当然是我了。如此看来，史传米芾自命清高不畏权贵狂放不羁，似乎也并不尽然。

（四）蔡肇

蔡肇（？—1119），字天启，润州丹阳（今属江苏）人。宋神宗元丰二年（1079）进士，历任明州司户参军、江陵推官等职。宋哲宗元祐年间，为大学正，出通判常州。宋徽宗即位，入京为户部、吏部员外郎，兼编修国史，提举两浙刑狱。大观四年（1110）召为礼部员外郎，进起居郎，拜中书舍人。后出知明州，故世人称"蔡明州"。政和元年（1111），提举杭州洞霄宫，后复职，宣和元年（1119）卒。北宋画家，能画山水人物木石，善诗文，著有《丹阳集》，惜已佚。

王安石谪居钟山之时，蔡肇从学于安石，借由此故，米芾得与蔡肇相交，米芾之墓志铭即由蔡肇执笔，可知二人相交之深。蔡肇云："余元丰初谒荆国王文公于金陵，公（指米芾）以诗文贽见，文公于人才少所许可，摘取佳句，书之便面，由是始识公，故为之铭。"① 米芾与蔡肇二人相识于元丰六年（1083），或由于二人之年龄与社会地位皆相仿，且皆能文善诗好山水画，自然成为好友。元祐二年（1087），以苏轼、王诜为首的十六人饮宴于王诜西园，号曰西园雅集，米芾与蔡肇均在其中。高辉阳云："蔡肇，……能文善诗，工画山水，米芾定居润州后，与其交往更密，游山登楼，相与唱和。"中年后，米芾定居润州，二人交往更频繁，为米芾晚年挚友。米芾曾有诗《登米老庵呈天启学士》："我居为江山，亦不为像法。劫火色相空，未觉眼界乏。屹然留西庵，使我老境惬。卫公精爽在，千古对炭業。公来不可作，登临浩相接。"② 按此诗之意境，米芾为劫后尚存的米老庵深感欣慰，与前引《甘露寺》之句"神护卫公塔，天留米老庵"正相契合，足见米芾作《甘露寺》诗时的心态确为感激庆幸之情，颇为时人所误会。此二诗所作时间不甚明确，但据诗意当相隔不远，或许蔡肇当时就在润州。

（五）薛绍彭、刘泾

薛绍彭，北宋恭敬公薛向之子，字道祖，号翠微居

---

① 〔北宋〕蔡肇：《米元章墓志铭》，转引自《米芾集》，湖北教育出版社，2002年。

② 〔北宋〕米芾：《登米老庵呈天启学士》，转引自《米芾集》，湖北教育出版社，2002年。

士，长安人氏，生卒年月不详，宋神宗时人，为北宋著名书法家。自谓河东三凤后人，官至秘阁修撰，出为梓桐曹。其以翰墨名于当世，米芾曾委托薛绍彭书"考妣会稽公襄阳丹阳二太夫人告"，其书艺之高超可见一斑。尤擅长品评鉴赏。与米芾为友，每以鉴定相尚，米芾《书史》曾曰："薛以书画还往，出处必同，每以鉴定相高，得失评较。"曾刻孙过庭《书谱》传世，后人推为精本。米芾曾言："薛绍彭以书画情好相同，尝寄书云：'书画闲久，不见薛米。'余答以诗曰：'世言米薛或薛米，犹如兄弟或弟兄。四海论年我不卑，品定多应定如是。'"① 工正、行、草书，笔致清润遒丽，具晋、唐人法度，历来书家对其评价甚高。与米芾齐名，人称"米薛"。宋高宗《翰墨志》亦记曰："苏、黄、米、薛笔势澜翻，各有趣向。"

米芾与薛绍彭之间过从甚密，书信往来颇多，《米芾集》中收录的米、薛二人之间的诗歌往来就多达六首：《自涟漪寄薛绍彭》《寄薛绍彭》《寄题薛绍彭新收钱氏子敬帖》《砑越竹学书作诗寄薛绍彭刘泾》《答绍彭书来论晋帖误字》《答薛绍彭寄书》，内容以交流书画鉴赏收藏心得为多。《书史》记载，薛绍彭收藏的书画作品很多，诸如王羲之《裹鲊帖》、欧阳询黄麻纸草书《孝经》、怀素绢书、肃宗行书绫纸《千文》、李邕深黄麻纸《改少傅帖》、开元摹王羲之《异热帖》、唐杨汉公书等，都是收藏价值较高的作品。米芾、薛绍彭皆擅长品评鉴赏，二人在书画鉴定上的交流之语更多，诸如《海岳名言》《书史》《画史》《宝晋英光集》等著录中记载更多。

有一次，薛绍彭来信称其购得钱氏王帖，对此，米芾回信说，大凡李公炤家的二王以前书帖，均应倾囊购买，并寄诗一首曰：

　　欧怪褚妍不自持，犹能半蹈古人规。公权丑

---

① 〔北宋〕米芾：《书史》，转引自《米芾集》，湖北教育出版社，2002 年。

怪恶札祖，从兹古法荡无遗。张颠与柳颇同罪，鼓吹俗子起乱离。怀素猲獠小解事，仅趋平淡如盲医。可怜智永砚空臼，去本一步呈千媸。已矣此生为此困，有口能谈手不随。谁云心存乃笔到，天工自是秘精微。二王之前有高古，有志欲购忘高赀。殷勤分治薛绍彭，散金购取重跋题。①

他通过对隋唐诸多名家如智永、欧阳询、褚遂良、柳公权、张旭、怀素等人之书的点评，表达了自己对二王高古书风的仰慕。薛绍彭则和诗一首曰：

圣草神踪手自持，心潜模范识前规。惜哉法书垂世久，妙帖堂堂或见遗。宝章大轴首尾具，破古欺世完使离。当时鉴目独子著，有如瘸病工

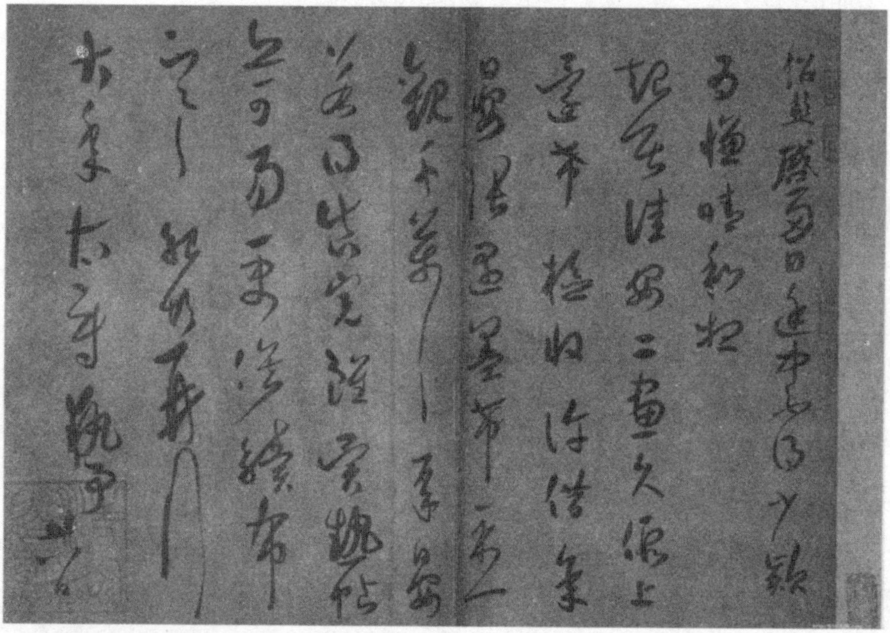

北宋薛绍彭《晴和帖》

难医。至今所收上卷五，流传未免识者嗤。世间无论有晋魏，几人解得真唐隋。文皇鉴定号得士，河南精识能穷微。即今未必无褚獠，宁馨动

---

① 〔北宋〕米芾：《寄薛绍彭》，转引自《米芾集》，湖北教育出版社，2002年。

欲千金赏。古囊织褾可复得，白玉为鑿黄金题。"①

《书史》中还记载了米芾与薛绍彭二人因鉴赏意见不合而产生分歧的一段故事。据说，薛绍彭曾得到所谓的钱氏子敬《慰问帖》，遂寄书于米芾："新收钱氏子敬帖，'献之'字上刮去两字，以为孤子。"②米芾则判断是王羲之另一子王操之所书，以为操之字俗，伪造之人恐人知而不收，所以才将"操之"二字刮去，并寄诗《梁唐不收慰问帖》于薛绍彭曰："萧李骇子弟，不收慰问帖。妙迹固通神，水火土更劫。所存慰问者，班班在箱箧。使恶乃神护，不然无寸札。自此辄画相，后人眼徒眨。"明确表示薛绍彭所谓的献之《慰问帖》乃王操之所书，流传颇多，无收藏价值。对此，薛绍彭则和诗曰："圣贤尺牍间，吊问相酬答。下笔或无意，兴合自妍捷。名迹后人贵，品第分真杂。前世无大度，危乱相乘蹑。白发如莲帽，骊马似瓜贴。触事为不祥，凶语弃玉鑿。料简纯吉书，乃有十七帖。当时博搜访，所得固已狭。于此半千岁，历世同灰劫。真圣扫忌讳，尽入淳化箧。巍巍覆载量，细事见广业。唐人工临写，野马成百叠。硬黄脱真迹，勾填本摹拓。今惟典刑在，后世皆可法。"③对米芾之鉴颇不以为然。米芾与薛绍彭的关系，最重要的不是称兄道弟，或往来酬酢的饭局，而是谈艺论道深深吸引了对方。米芾诗云："老来书兴独未忘，颇得薛老共徜徉。天下有识谁鉴定？龙宫无术疗膏肓。"④米薛能在彼此切磋琢磨中，获致书法上相同的成就，遂为千古美谈。

刘泾（1043？—1100？），字巨济，号前溪，简州阳安（今四川简阳）人。熙宁六年（1073）进士，为太学博

---

① ② ③〔北宋〕米芾：《书史》，转引自《米芾集》，湖北教育出版社，2002 年。

④　〔北宋〕米芾：《自涟漪寄薛绍彭》，转引自《米芾集》，湖北教育出版社，2002 年。

士。元符末，官至职方郎中。米芾、苏轼、薛绍彭之书画友。苏轼答刘泾诗云："细书千纸杂真行。"鲜于伯机藏杂帖一册，内有刘泾墨帖一纸。善作林石槎竹，笔墨狂逸，体制拔俗。亦工墨竹，以圆笔作叶，成都太智院法堂有松竹画壁各一堵。平生好为险怪之文，苏轼曾作诗答之，以裁抑其豪气，其诗曰："万卷堆胸兀相撑，以病为乐子未惊……安得一舟如叶轻，卧闻邮纤报水程。"①

有学者以为，米芾于治平四年（1067）随母进京，因母亲阎氏早晚入宫侍奉宣仁高太后，故其父米光辅将米芾托付给崔驸马，随崔驸马学四书五经。薛绍彭、刘泾与米芾皆师从崔驸马门下，师出同门，且年龄相差无几，情谊格外深厚。

此二人与米芾是同辈，他们的共同兴趣是收藏古书画。刘泾因不相信世上还有晋代书帖，所以只收藏唐代书帖。对此，米芾曾作诗曰："唐满书奁晋不收，却缘自不信双眸，发狂为报豢龙子，不怕人称米薛刘。"② 对刘泾只收藏唐人之书的做法甚不以为然。当然，这种玩笑亦可见米芾、刘泾、薛绍彭三人之间的"铁三角"关系，其牢固自非一般庸夫俗子可比。刘泾曾收藏唐绢本《兰亭序》一幅，专程写信告知米芾，米芾即作书

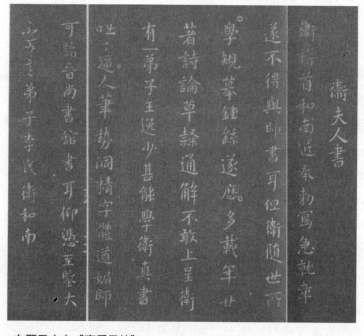

东晋卫夫人《李氏卫帖》

---

① 〔北宋〕苏轼：《次韵答刘泾》。
② 〔北宋〕米芾：《答刘泾书》，转引自《米芾集》，湖北教育出版社，2002年。

以答之。其《书史》记载曰：“刘泾书来涟漪曰：‘收唐绢本《兰亭》，无奇获，且漫眼耳。’殊非自剽制语也。余答以诗曰：‘刘郎无物可萦心，沉迷蠹缣与断简。求新不获狂时发，自谓下取且漫眼。猗嗟斯人今实鲜，我欲从之官有限。何时大叫刘子前，跽阅墨皇三复返。’君贻余诗尝曰‘秘籍墨皇曾敬识’，林希送余诗‘壶岭共倾银霅水，墨皇犹展玉楼风’。壶岭，谓砚山也。”① 此二诗均可见刘泾对唐人书的热衷，其收藏的唐帖数量丰富亦可见一斑，甚至到了“且漫眼”的地步。米芾、刘泾二人关于书画鉴赏收藏的交流甚多，对刘泾所收藏的古玩字画等亦非常熟悉，仅《书史》记载的就有四条之多，其中涉及刘泾所收藏的李怀琳伪作《七贤帖》、卫夫人《李氏卫帖》，以及卫夫人所摹《无名帖》《郗超帖》《陆机帖》《卫恒帖》等。其中《李氏卫帖》又名《稽首和南帖》，为卫夫人所书，米芾录其全文曰：“卫稽首，和南近奉敕写《急就章》，遂不得与师书耳。但卫不能拔赏，随世所学，规摹钟繇，遂多历年。二十著诗论草□通解，不敢上呈。卫有一弟子王逸少，甚能学卫真书，咄咄逼人，笔势洞精，字体遒媚，师可诣晋尚书馆书耳。仰凭至鉴，大不可言。弟子李氏卫和南。”米芾以为，此帖比《淳化阁帖》中所录字数为多，颇有价值，“皆贞观间一种伪好物”。后来以画与刘泾交换，前四帖由李锝收藏。刘泾还收藏了许浑乌丝栏手写诗一百篇，字法极妙。第一篇为“湘潭云尽暮烟出，巴蜀雪销春水来”②。第一幅后来为刘泾与杜介交换，存于杜介处；另一幅则在王诜处。刘泾于收藏鉴赏方面，自然不及米芾精通，经常花费甚多而不得精品，亦常受米芾的观点影响。据米芾《书史》记载，米芾曾经从唐垌处交换得王羲之《尚书帖》一幅，后来，被林希发现为赝

①②〔北宋〕米芾：《书史》，转引自《米芾集》，湖北教育出版社，2002年。
②〔北宋〕米芾：《书史》，转引自《米芾集》，湖北教育出版社，2002年。

品。刘泾自此不相信世上还有晋代法帖。十五年以后，刘泾得到一幅自认为是王羲之所书之《子鸾帖》，薛绍彭认为是六朝作品，当时米芾在涟水军使任上，对此帖的真伪颇为怀疑。米芾为此作诗寄刘泾曰："刘郎收画早甚卑，折枝花草首徐熙。十年之后始闻道，取吾韩戴为神奇。迩来白首进道奥，学者信有髓与皮。始知十箧但遮壁，牛马只可裹弊帷。峨峨太平老寺主，白纱冒首无冠蕤。武士后列肃大剑，宫女旁侍鬐修眉。神情睟子知寡欲，齿露唇反法定饥。世人睹服似摩诘，不识六朝居士衣。僧繇勿辄乱唐突，梁时笔法了可知。道子见之必再拜，曹卢何物望藩篱。本当第一品天下，却缘顾笔在涟漪。"[1] 可见，在米芾看来，虽然刘泾此次收藏的恐怕未必为《子鸾帖》真迹，但已是功夫精进，所谓"十年之后始闻道"，"迩来白首进道奥"，的确有由"皮"及"髓"之进益，故称其"进道奥"，堪称良师益友。

米芾与刘泾不仅交流书画创作、鉴赏收藏等心得，而且二人经常交换收藏的字画。刘泾在宿州时，曾收藏白麻纸临颜书《太冲序》，为其秘籍中第一宝物，甚为刘泾所宝重。米芾亦非常喜欢，后来就以《十七帖》、吴融与司空图所书之《赠蚩光歌》，与张旭、辩光、亚栖等人之书、韩干的马图、戴嵩的牛图，以及从杨杰处所得贞观御府内史《官奴帖》等多幅字画与刘泾交换，将此《太冲序》收入囊中。

（六）王焕之

王焕之（1060—1124），字彦舟，常山人，延康殿太学士王介第四子，北宋元丰二年（1079）登进士第。因不到授官年龄，因此特命补武胜军节度推官。不久后，调任杭州教授。元丰八年（1085），任宣义郎，知颖上县，改越州教授。而此时，米芾正在杭州从事任上，二人志趣相投，引为莫逆之交。米芾有诗《太师行寄王太史彦舟》

---

① 〔北宋〕米芾：《书史》，转引自《米芾集》，湖北教育出版社，2002 年。

《将行戏呈彦楚彦昭彦舟》《和王彦舟》《呈王彦舟》《送王涣之彦舟》等，皆为米芾与王涣之兄弟友情之见证。米芾与王涣之过从甚密，皆属意书画鉴赏收藏，曾受邀至检校太师李玮家园池饮宴做客，得见李太师所藏《东晋十三帖》，喜出望外之余，为之作题跋，称为"李氏法书第一"，事后又作《太师行寄太史彦舟》诗，诗曰："太师天源环赐第，自榜回鸾鸦雀避。好宾嗜古富图书，玉轴牙签捧珠翠。歌舞陈前慰俗人，不倾玉沥发银縢。王郎十八魁天下，招客同延贵客星。末出东晋十三帖，此第十一石蕴琼。绢标间是褚公写，误以右军标作谢。我时指出一座惊，精神焕起光相射。磨墨要余定等差，谢公郁勃冠烟华。"① 《东晋十三帖》，又名《晋贤十四帖》，米芾《书史》对此记载甚详，包括其中包含的诸帖名目及其印章，并交代了该帖的流传、刻帖等过程。据米芾回忆，此帖为"枣木大轴，古青藻花锦作标，破烂，无竹模，晋帖，上反安冠簪样古玉轴。余寻制掷枣轴池中，拆玉轴，王涣之加糊，共装焉。一坐大笑，要余题跋，乃题曰'李氏法书第一'（亦天下法书第一也）。"② 据米芾此记，王涣之能与米芾一起为《东晋十三帖》做轴加糊，当比较擅长于字画装裱之事。这恐怕也是米、王二人颇有共同爱好之证。

其《送王涣之彦舟》一诗更是着力描述了二人的深厚情谊，诗曰：

> 集英春殿鸣梢歇，神武天临光下澈。鸿胪初唱第一声，白面玉郎年十八。神武乐育天下造，不使敲枰使传道。衣锦东南第一州，辣壁湖山两清照。襄阳野老渔竿客，不爱纷华爱泉石。相逢不约约无逆，舆握古书同岸帻。淫朋嬖党初相

---

① 〔北宋〕米芾：《太师行寄王太史彦舟》，转引自《米芾集》，湖北教育出版社，2002 年。

② 〔北宋〕米芾：《书史》，转引自《米芾集》，湖北教育出版社，2002 年。

慕，濯发洒心求易虑。翩翩辽鹤云中侣，土苴尨鸥那一顾。迩来器业何深至，湛湛具区无底沚。可怜一点终不易，枉驾殷勤寻漫仕。漫仕平生四方走，多与英才并肩肘。少有俳辞能骂鬼，老学鸱夷漫存口。一官聊具三径资，取舍殊涂莫回首。①

此诗先极力赞赏王涣之才学高超，衣锦还乡，后说明自己不爱纷华烦扰，最末则述及二人情谊，所谓"相逢不约约无逆，舆握古书同岸帻"，"可怜一点终不易，枉驾殷勤寻漫仕"，好一段深厚情谊！

米芾与王涣之亦多有诗书往来，有《和王彦舟》一诗传世，诗曰："混尘慵走俗，陟巘喜非期。漠漠江雨歇，溶溶春水时。陶潜那寄傲，惠远更能诗。吏自成稀阔，言归心尚迟。"陶潜即陶渊明，东晋著名山水诗人，不以"五斗米"而折腰，归隐田园。有《庐山东林杂诗》传世，"怀仁山林，隐居求志"，亦东晋时的著名隐者。米芾此诗创作时间不详，但就诗意分析，似乎颇有灰心避世之意。按诗题有"和"字，可见此前王涣之曾有来信。米芾还有《呈王彦舟》诗一首，曰："吏日虽云冗，逢休乐有余。山林三面胜，图史一斋虚。炼药惊衰早，逢人话索居。倾囊收剡楮，待著鹿门书。"此诗描写的是诗人冗杂政务之余的愉悦闲适心情，乃作诗与友人分享。看来，米芾的确是将王涣之当作莫逆之交，无论情绪低落或是愉悦闲适，都能坦然诉说，在北宋末年那种党争纷起的年代中，实属难得的友谊。

（七）沈括

米芾结交沈括，始于崇宁二年（1103），时任太常博士、书学博士的米芾回到京城后，专程前往沈府拜谒沈

---

① 〔北宋〕米芾：《送王涣之彦舟》，转引自《米芾集》，湖北教育出版社，2002年。

括。沈括喜好收藏，将那些附庸风雅、有钱却无识的时下收藏家斥之为"耳鉴"（一听到某某名家如钟繇、王羲之的作品，不管作品神采气息若何，便纷纷解囊购买之人），他还形象地称那些单凭手去触摸印章，认为色不隐指者为古人墨迹的做法为"揣骨听声"。对此，米芾深以为然，故此，二人颇有共同语言。沈括非常看重米芾，闲暇时常邀米芾一起品茶、赋诗、谈论书画，每每搜罗到古人墨迹，也一定先让米芾过目。米芾《书史》记载了这样一件事："余临大令法帖一卷，在常州士人家，不知何人取作废帖，装褙以与沈括。一日林希会章惇、张询及余于甘露寺净名斋，各出书画，至此帖，余大惊曰：'此芾书也。'沈悖然曰：'某家所收久矣，岂是君书？'芾笑曰：'岂有变主不得认物耶？'"① 此事还有另一个版本，据说，有一年春天，沈括晾晒自己收藏的字画，邀请米芾、章惇、林希、张询等前来品茶观画，号称"曝书会"。聊到兴处，沈括命人取来传家之宝——一幅他收藏的王献之法帖，请众人欣赏，米芾却宣称此帖是自己临摹的赝品。起初，沈括并不相信，米芾用茶水轻涂法帖一角，法帖上赫然出现"宋元祐三年米芾临摹"字样，让沈括非常难堪，"曝书会"也不欢而散。虽然米芾的记载与传闻有几许出入，但沈括误以米芾所临之王羲之法帖为真迹之事，最终导致沈米二人渐渐疏远，却是毋庸置疑的事实。沈括著《梦溪笔谈》一书，曾专辟《书画》一章，记述了当时包括章惇、沈辽在内的众多书家，却唯独对米芾只字未提。沈米二人因字画结缘，亦因字画而反目，颇有些孽缘的味道。

上述至交师友以外，米芾与当时的达官贵人、风流名士亦多有交谊，诸如王诜、李之仪、李公麟、晁补之、张耒、秦观、郑嘉会、陈景元、王仲至、圆通大师、智衲大师、关景仁、潘景纯、葛藻等，都是米芾曾经来往密切的

---

① 〔北宋〕米芾：《书史》，转引自《米芾集》，湖北教育出版社，2002 年。

朋友。

北宋王诜《烟江叠嶂图》局部之一

北宋王诜《烟江叠嶂图》局部之二

米芾与佛、道两派人士亦多有往来，如曾与米芾一同参加西园雅集的陈景元与圆通大师、智衲禅师。虽不知智衲禅师为何处人也，但善草书，与米芾亦有交谊。米芾有《智衲草书》诗：

> 人爱老张书已颠，我知醉素心通天。笔锋卷起三峡水，墨色染遍万壑泉。兴来飒飒吼风雨，落纸往往翻云烟。怒蛟狂虺忽惊走，满手黑电争回旋。人间一日醉梦觉，物外万态涵无边。使人壮观不知已，脱身直恐凌飞仙。弃笔为山傥无苦，洗墨成池何足数。其来精绝自凝神，不在公孙浑脱舞。①

---

① 〔北宋〕米芾：《智衲草书》，转引自《米芾集》，湖北教育出版社，2002年。

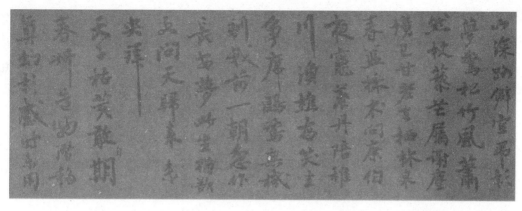

北宋晁补之书法之一

关景仁，关中人氏，通历算，精草隶，尤长于时，元丰二年，任松江令。喜收藏，藏有不少名帖，米芾在他的《宝晋英光集》中不止一次地提到关氏的收藏，如张旭的《草书四帖》等。

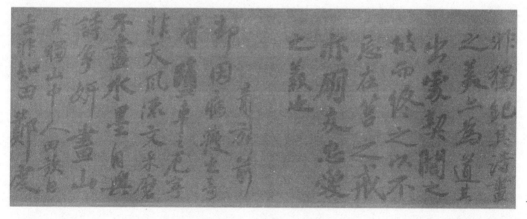

北宋晁补之书法之二

米芾一生，交游颇广，北宋中期以后，改革派与保守派党争频繁，此起彼伏，宦海浮沉者众矣，如苏轼等人，受元祐党祸影响，亦曾几起几落，在京城、黄州、杭州、惠州等地颠沛流离，唯有米芾貌似疯癫，却结交诸人，在北宋末年纷争不已的政局中安然无恙。细数米芾所结交的师友，既有像王安石这样激进的改革派，也有像苏轼一样稳重的保守派，米芾都能与他们倾心相交，至于像蔡京、蔡卞那样的权臣显贵，米芾亦能与其和平相处。究其原因，主要是米芾为人单纯，淡泊名利，虽为官近四十年之久，一生酷爱书法、绘画、收藏，醉心奇石砚台，不以名利为念，以书艺自娱，在复杂的党争中保持难得的自立与清醒，任政局动荡，风云变幻，因此才能安身立命于乱世，这不能不说是米芾处世哲学的独到之处。

第四章　书法思想

　　米芾一生，著述颇多，著名者如《书史》《画史》《海岳名言》《宝章待访录》《评纸帖》《砚史》等。《书史》以书法作者的活动时间为序，记录了大量的真迹法帖及收藏、鉴赏的诸多逸事趣闻。《海岳名言》则辑录了米芾平日的论书之语，其中多有品评历代法帖刻石者。《宝章待访录》主要记录了米芾所见的晋唐书法名帖的书迹、内容、材料、收藏者，以及作品的真伪、题跋、流传，给后人研究书法史提供了重要的资料，在书法史上亦有较大的影响。《评纸帖》主要对宋代时期国内各地所产纸张的特点、优劣等进行评述。《砚史》则对各地的砚台的外形、特点等进行评述。《画史》举其平生所见晋代以来名画（其中亦偶有未见者），品评优劣，鉴别真伪，考订谬误，指出风格特点，作者及藏处，甚至间及装裱、印章，亦收进画坛逸事秘闻，颇具资料价值。书中所言古代画法、名家技巧风格等，颇多具慧眼之见，尤其鉴别真伪、评论优劣多作言简意赅、切中事理之论，一直为历代鉴赏家所看重。

　　书论是米芾对中国书法艺术的一大贡献，他提倡朴素明白的品评语言，崇尚天真自然的书风，又始终坚持崇晋卑唐的标准，态度明确，观点清晰，这在宋代乃至书法史上都是不可多得的。《书史》《海岳名言》《宝章待访录》多围绕记录前代法帖而作，《评纸帖》《砚史》等则对笔、墨、纸、砚等文房四宝进行记载论述，因此，米芾的书法思想稍显零散，笔者参照上述著作，对米芾的书法思想进行宏观梳理。

一、书法品评

1. 指导思想：崇魏晋而卑唐宋

姜澄清先生言："宋人论书，更多的是题跋笔札，风气所在，几乎到了无文人不言书的地步，简直成了时髦，即使只言片语，往往也足以道破天机。"① 可见，宋代人的书论思想多体现在题跋笔札之中，大有蔚然成风之势，这恐怕也是宋代少有宏观系统书论作品的主要原因。米芾身处其中，自然不能免俗。

米芾自幼习书，先后师法罗让、周越、苏舜钦、欧阳询、褚遂良，结交苏轼后始弃唐入晋，师法二王，功底颇为深厚，一生尤喜收藏前代法帖，亦多有品评之语，《海岳名言》《书史》即多为此类。形式上以介绍、品评前代法帖的优劣长短为主，多辑录米芾平日里的论书之语，虽然所论大多寥寥数语，零散而不成系统，但多有客观中肯之处，亦不乏启迪之功。

整体而言，米芾在书法品评上始终坚持崇晋卑唐的宗旨。他曾经称："好事者所收帖有如篆籀者。回视二王，顿有尘意。晋人书帖是也。谢奕之浑然天成，谢安之清迈，真宜批子敬帖尾也。其帖首尾印记多与敝笥所收同。君倩唐氏陈氏之类玉轴古锦，皆故物稀世之珍，不可尽言，恨不能同赏。归，即追写数十幅，顿失故步，可笑可笑。"② 东晋时期，书坛百花齐放，庾、郗、谢、王等书法世家相映生辉，名家辈出，唐窦臮《述书赋》曾称"博哉四庾，茂矣六郗，三谢之盛，八王之奇"，所谓"四庾"，即指颍川庾亮、庾怿、庾翼、庾准，其中以庾翼成就最高，年轻时，曾与王羲之齐名。"六郗"即郗鉴、郗愔、郗昙、郗俭之、郗恢、郗超，其中以郗愔书法成就最高。

① 姜澄清：《中国书法思想史》，河南美术出版社，1994 年。
② 〔北宋〕米芾：《米芾文集》，转引自《米芾集》，湖北教育出版社，2002 年。

郗愔（313—384），字方回，高平金乡人。与王羲之一样，淡泊名利，喜黄老之学，善章草、隶、今草，年轻时与王羲之齐名，后乃不及。唐张怀瓘《书断》赞其书"纤浓得中，意态无穷，筋骨亦胜"，评价颇高。惜无书迹流传。谢奕、谢安、谢尚都是当时谢氏家族中的书法名家，并称"三谢"。谢尚之书"深得昔人行笔之意"，其草书气势尤为险峻；谢奕之书飘逸自然如行云流水；谢安之书更是纵任自在，有龙盘虎踞之势，曾经师从王羲之学习楷书、草书，王羲之称赞其能理解书法奥妙，其行书尤为可观。至于"八王"，自然是指琅琊王氏之王导、王劭、王廙、王羲之、王献之、王蒙、王述、王珉，其中以王羲之、王献之父子书名最盛，号称"二王"。"二王"是东晋乃至中国书法的巅峰，"三谢"书名虽盛，但始终不能与"二王"相抗衡，米芾对其尚且推崇备至，其崇晋之意可见矣。

米芾一生尤重晋人书法，其知无为军任上，曾搜集到晋王羲之《王略帖》、谢安《八月五日帖》、王献之《十二日帖》，并因此将其珍藏历代书画珍品的书斋称为宝晋斋。宝晋斋中收藏了不少前代法帖及名家字画，其中就包括王羲之的《稚恭帖》《王略帖》与王献之的《苏氏宝帖》、谢安的《八月五日帖》等旷世名作。米芾尤为珍爱，视若生命，亲自为每幅法帖作赞，有的甚至不惜笔墨专门交代其收藏过程。

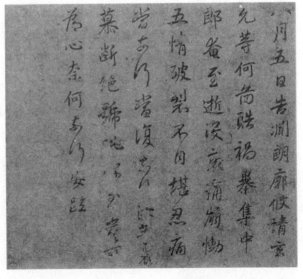

东晋谢安《八月五日帖》

米芾对王羲之、王献之父子书法倍加赞赏。其称王羲之《稚恭帖》为"天下法书第二，右军行书第一也"。其帖曰："羲之死罪，伏想朝廷清和，稚恭遂进镇，东西齐举，想克定有期也。羲之死罪。"米芾对于此帖的印跋、收藏等情况，亦如数家珍："长庆某年月日，太常少卿萧祐鉴定。在王珪禹玉家，后有禹玉跋，以门下省印印之。时贵多跋。后为章淳子厚借去不归。其子仲脩，专遣介请未至。是竹丝干笔所书，锋势郁勃，挥霍浓淡如云烟，变怪多态。'清'字破损，余亲临得之。"为此，米芾特作《〈稚恭帖〉赞》曰："混沌破，龙蛇出。大荒子，鼓神物。纵变怪，造恍忽（惚）。起洪水，稽天骨。大道惊，戮狂勃。时蛰引，无惮率。神禹符，镇罅窟。"① 以龙蛇神物相比拟，极言其气势磅礴变化多端之妙，完全一副顶礼膜拜的神态，与其极力贬低唐宋诸家的态度截然不同。

米芾作《〈王略帖〉赞》则曰："昭回于天垂英光，跨颉历籀化大荒。烟华浓淡动彷徉，一噫万古称天章。鸾夸虬引鹄序翔，洞天九九通辽阳。茫茫十二小劫长，玺完神诃命芾藏。"② 甚至以"天垂英光""跨颉历籀""鸾夸虬引"之语相誉，欣赏之情溢于言表。其《书史》亦曾称赞濮州李丞相家所藏王羲之黄麻纸十余帖，称其"字老而逸，暮年书也"③。即便是王羲之少年之书，在米芾看来，亦颇有韵味，《书史》曾记载王羲之黄麻纸《来戏帖》，称其"字法清润，是少年所书"④。

王羲之的《桓公破羌帖》，也是米芾最为钟爱的作品之一，称其"笔法入神"。该帖有开元印，有唐代怀充跋。最初收藏于苏之纯家，苏之纯卒后，"其家定直，久许见归，而余使西京未还，宗室仲爰力取之，且要约曰：'米归，有其直见归，即还。'"⑤米芾自西京归来后方知为赵仲爰所得，万般无奈之下，只得典当衣物以得之。可惜的是，仲爰不懂装褙之理，"已使庸工装（褙）剪损，古跋尾参差矣"，让米芾深感痛惜。

---

① 〔北宋〕米芾：《王右军〈稚恭帖〉赞》，转引自《米芾集》，湖北教育出版社，2002 年。

② 〔北宋〕米芾：《〈王略帖〉赞》，转引自《米芾集》，湖北教育出版社，2002 年。

③④⑤〔北宋〕米芾：《书史》，转引自《米芾集》，湖北教育出版社，2002 年。

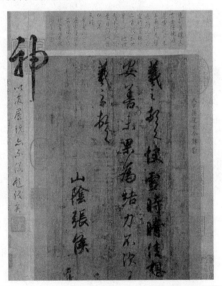

北宋米芾《来戏帖》

米芾一生，酷爱收藏，多见魏晋名帖，精于鉴赏，其对二王书法的推崇常流于笔端，尤其推崇王献之。其《题子敬范新妇唐摹帖三首》曾曰："贞观款书丈二纸，不许儿奇专父美。""云物龙蛇森动纸，父子王家真济美。庾翼小儿宁近似，沧溟浩对蹄涔水。"① 颍川庾氏为东晋书法世家之一，庾亮、庾翼、庾怿、庾准并称"四庾"，其中庾翼的书法造诣最高。年轻时曾与王羲之齐名，后来，王羲之书艺突飞猛进，远超庾翼，庾翼初不自知，颇有不齿之语，书法史上著名的"小儿贱家鸡"典故即出于此。米芾以为庾翼与二王相比，恰如蹄涔水与沧溟之差，极言二王父子之书艺高绝。

王献之的《苏氏宝帖》是米芾与苏舜钦之子交换所得，甚得米芾欢心，据说，此帖最初与王羲之《快雪时晴帖》相连，不

东晋王羲之《快雪时晴帖》

---

① 〔北宋〕米芾：《题子敬范新妇唐摹帖三首》，转引自《米芾集》，湖北教育出版社，2002 年。

知确否。米芾为《苏氏宝帖》作序时称："右《苏氏宝帖》，故连右军《快雪时晴帖》。元丰甲子获于子美子志东，探元子，国老孙也。印二分，在《快雪帖》合缝，四角亦有褚氏印。崇宁元年五月十五日易，跋时甘露下。吾家宝晋斋碧梧廿本。"并赞曰："猗太宰，秀当代。灵襟疏，冲韵迈。一笔落，两行带。云龙廷，走百怪。经电掣，断兕快。盘偃蹇，意无在。藐百川，会北海。人那知，冠千载。"① 与对王羲之《稚恭帖》的顶礼膜拜不同，此帖的冲灵秀媚更为米芾所欣赏，甚至以"冠千载"相誉。

自南朝梁武帝首倡尊崇王羲之书风以来，后世人多有从者。至于唐太宗时，更是大倡尊羲抑献之风，对后世影响颇巨，米芾对此则颇不以为然。《书史》记载，米芾曾收藏王献之《送梨帖》一幅，大有为王献之翻案之意。其帖曰："今（送）梨三百，晚雪殊不能佳。"尾有柳公权跋曰："因太宗书卷首见，此两行十字，遂连此卷末，若珠还合浦，剑入延平。"落款为大和二年（828）三月十日，司封员外郎柳公权记。其后米芾自题曰："又一帖十二字连之，余辨乃右军书。"②

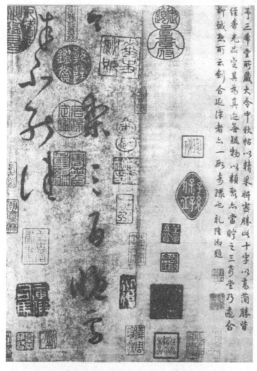

东晋王献之《送梨帖》

由此可知，米芾以为此帖为王羲之所书而非王献之所书，认为柳公权善书而不善鉴。对此，苏轼亦深表同意，作跋诗曰："家鸡野鹜同登俎，春蚓秋蛇总入衾。君家两行十二字，气压邺侯三万签。"

究其原因，米芾认为唐太宗因《晋史》而贬抑王献

① 〔北宋〕米芾：《王献之〈苏氏宝帖〉赞》，转引自《米芾集》，湖北教育出版社，2002 年。

② 〔北宋〕米芾：《书史》，转引自《米芾集》，湖北教育出版社，2002 年。

之，所谓"然唐太宗力学右军，不能至，复学虞行书，欲上攀右军，故大骂子敬耳。子敬天真超逸，岂父可比也！"事实上，米芾此论颇有失当之处，唐代官修《晋书》之前，流传的晋代断代史书达十八种之多，包括九家晋书和九家晋纪，只有臧荣绪《晋书》之记事区间在东晋时期，及至房玄龄重修《晋书》，以臧荣绪《晋书》为基础，佐以同期杂史、霸史、杂传与起居注等，唐太宗亲为王羲之作赞，个中原因无非有二：其一，受南朝梁武帝"子敬之不逮逸少，犹逸少之不逮元常"的影响；其二，当与唐太宗个人钟爱王羲之有关。当然，梁武帝、唐太宗以帝王之尊，倡导书坛风气，自然要比其他人更有号召力，这也是后世尊羲抑献观点的源头。米芾意欲为王献之翻案，其勇气可嘉，但是书坛积习已久，恐难以骤改。

此外，米芾还收藏有王献之《十二月帖》，黄麻纸，其辞曰："十二月割至不？中秋不复，不得相，未复还恸，理为即甚省，如何？然胜人何庆大军。"米芾称赞："此帖运笔如火筯画灰，连属无端末，如不经意，所谓一笔书，天下子敬第一帖也。"[①]

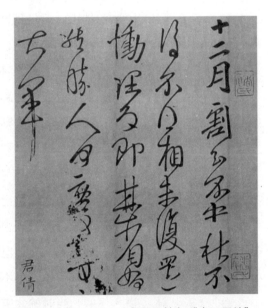

东晋王献之《十二月帖》

除二王以外，其余如三谢等东晋书家亦多为米芾所推崇。《王谢真迹赞》，有序文曰："家藏晋王、谢真迹五轴。唐文皇而下，名书甚众。王、谢帖皆唐梁御府物，玺跋宛然。每开卷，使人目动神惊也。尝作谢公赞云：山林妙寄，岩廊英举。不繇不义，自发淡古。有

---

① 〔北宋〕米芾：《书史》，转引自《米芾集》，湖北教育出版社，2002 年。

赫太帝，天造翰艺。末下龙迹，震惊天地。"① 前述米芾称赞谢奕、谢安语，颇有超然世外之赞，所谓"山林妙寄，岩廊英举""自发淡古"者，"使人目动神惊"也。米芾《王谢书跋》又曰："李太师收《晋贤十四帖》，王戎书若篆籀，谢安格在子敬上，真宜批帖尾也。"② 对谢安书格大加赞赏，以为其造诣在王献之之上。至于庾翼，其《书史》评价庾翼《稚恭》真迹曰"笔势细弱，字相连属"③，颇有"古雅"之气。

米芾对晋人极度推崇，甚至到了一味维护的地步，其有诗《答绍彭书来论晋帖误字》曰："何必识难字，辛苦笑扬雄。自古写字人，用字或不通。要之皆一戏，不当问拙工。意足我自足，放笔一戏空。"④ 此诗最初的写作背景我们无从知晓，大抵是薛绍彭来信与米芾探讨晋帖之中存在错字之事，对此，米芾颇不以为然，认为用字工拙、笔误不应成为评判晋人法帖艺术成就的唯一标准，主张意趣才是不变的法则。宋人尚意本来就是中国书法史上的一大特色，这种以意趣评判古人之书的主张，基本符合当时的书法祈尚，亦与米芾的性情相吻合。

梁武帝萧衍酷爱书法，书法造诣颇深，米芾对其书法亦颇为推崇，曾曰："武帝书纸糜溃，而墨色如新，有墨处不破。吁！岂临学所能！欲令人弃笔砚也。古人得此等书临学，安得不臻妙境！"⑤

当时的北宋书画鉴藏界误认晋书之事可谓屡见不鲜，米芾《龙真行为天章待制林公跋书云秘府右军书一卷有一

---

① 〔北宋〕米芾：《王谢真迹赞》，转引自《米芾集》，湖北教育出版社，2002年。

② 〔北宋〕米芾：《王谢书跋》，转引自《米芾集》，湖北教育出版社，2002年。

③ 〔北宋〕米芾：《书史》，转引自《米芾集》，湖北教育出版社，2002年。

④ 〔北宋〕米芾：《答绍彭书来论晋帖误字》，转引自《米芾集》，湖北教育出版社，2002年。

⑤ 〔北宋〕米芾：《米芾文集》，转引自《米芾集》，湖北教育出版社，2002年。

龙形真字印故作》诗曾曰：

> 龙形真字芸香里，伏日道山聊一启。媪来鹅
> 去已千年，莫像痴儿收蜡纸。萧衍老翁食无肉，
> 锦质绣章能独侈。不知劫火付冤家，却误顽仙求
> 令史。文皇有金无鉴目，赖取穸官齐押尾。徐生
> 小點辨茅檐，不道天真难力致。晚薄功名归一
> 戏，一套尤胜三公贵。牡丹不语人能醉，墨光觉
> 胜朱铅媚。与身俱生无术治，又染膏肓刘巨济。
> （芾自命此书为跋尾书，惟题于家真迹，不写以
> 遗人。）

米芾对晋人书法多所推崇，研究亦颇为精深，故与他人相比多具慧眼。所谓"媪来鹅去已千年，莫像痴儿收蜡纸"之句，意在说明北宋去东晋已远隔千年，右军真迹殊难寻觅，提醒林公此书卷恐为赝品。

然米芾癫狂成性，恃才傲物，多狂妄之语，其论亦难免偏激之处。米芾对前朝之书，除对晋人之书颇加盛赞以外，其余南朝、隋唐等人书作，往往赞许之语少，而苛刻之言多，且前后评论多有不同，甚至多有相左之语。分析米芾对唐人书法之评价，大致可分为前后两个阶段，元丰五年（1082）未见苏轼之前，长期师法唐人，对唐代诸名家亦多有赞誉；及至初谒苏轼之后，乃听从苏轼之建议，弃唐入晋，遂推崇晋人而贬抑唐人，颜真卿、柳公权、张旭、怀素等皆在其讥讽之列。

笔者以《书史》《海岳名言》《宝晋英光集》与《米芾集》为史料来源，将米芾对前、当代书家的赞誉、批评、评论之语稍作汇集，以证己言之不诬。

《海岳名言》为米芾论书之语结集而成，其中多涉米芾论前代书家、名作之语，唐代诸家赫然在列，自然亦是批评者多，赞誉者少。薛稷为"初唐四家"之一，其书法造诣非凡，在米芾看来，亦不过"丑怪"二字。其曰："老杜作薛稷慧普寺诗云：'郁郁三大字，蛟龙岌相缠。'

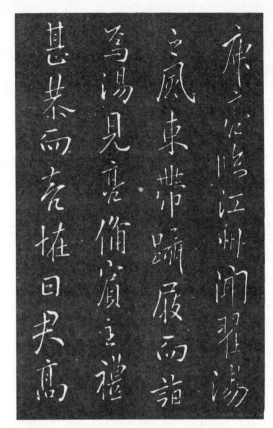

唐欧阳询《庾亮帖》（局部）

今有石本，得视之，乃是勾勒倒收笔锋，笔笔如蒸饼，'普'字如人握两拳，伸臂而立，丑怪难状。由是论之，古无真大字明矣。"① 至于褚遂良、陆柬之、唐明皇、徐峤、徐浩等人，自然无法免俗，皆无古气，"唐官告在世，为褚、陆、徐峤之体，殊有不俗者。开元以来，缘明皇字体肥俗，始有徐浩，以合时君所好，经生字亦自此肥。开元以前，古气无复有矣"②。正所谓，上有所好，下必甚焉，"楚王好细腰，国人多饿死"，唐明皇好大隶，故盛唐多隶书名家，字体多肉而少骨，丰满过之而骨力不足，米芾称其为"肥俗"亦不为过。

"欧、虞、褚、柳、颜，皆一笔书也。安排费工，岂能垂世？李邕脱子敬体，乏纤浓，徐浩晚年力过，更无气骨，皆不如作郎官时《婺州碑》也。《董孝子》《不空》，皆晚年恶札，全无妩媚，此自有识者知之。沈传师变格，自有超世真趣，徐不及也。御史萧诚，书《太原题名》，唐人无出其右，为司马系《南岳真君观碑》，极有钟、王趣，余皆不及也。"③综观米芾对唐人书法之评价，其所推崇者仅沈传师、萧诚而已。

《唐文皇手诏跋》有序，其序曰："余以右军帖于王晋卿家易唐文皇手诏，因赞曰：龙彩凤英，天开日升。亟戡多难，力致和平。云章每发，目动神惊。"④ 米芾自弃唐入晋之后，对晋人书法推崇备至，尤其以二王父子为至高境

①②③〔北宋〕米芾：《海岳名言》，转引自《米芾集》，湖北教育出版社，2002年。

④ 〔北宋〕米芾：《唐文皇手诏跋》，转引自《米芾集》，湖北教育出版社，2002 年。

界，却不惜以王羲之帖从王诜处交换《唐文皇手诏跋》，似乎对李世民之书青睐有加，甚至于以"龙彩凤英，天开日升""目动神惊"之语赞之，其评价不可谓不高，与米芾惯常的品评原则相差甚远。

欧阳询《度尚庾亮帖赞》，有序，其序曰：

> 右唐宏文馆学士兼太子率更令、银青光禄大夫、渤海县开国男欧阳询（字信本）书。《度尚帖》，元丰己未官长沙，获于南昌魏泰；《庾亮帖》，壬戌岁过山阳，获于今中散大夫钟泰景伯，各著半古印，适合缝文曰：清河图籍之印，乃昔一书页。究延平之化，岂不有神参孔壁之道，孰云致误？元祐庚午冬至萧贤外舍装。赞曰：渤海光怪，字亦险绝。直到内史，行自为法。庄若对越，俊如跳掷。后学莫窥，遂趋尪劣。

此处论及欧阳询之楷、行书，称其书险绝，后学之人不明其里，遂致尪弱而不及。事实上，米芾对欧阳询之书一向不甚推崇，诸如其道林之寺"寒俭无精神""柳与欧为丑怪恶札祖""如新愈病人，颜色憔悴，举动辛勤"等语多有讥讽之意，此处又称其"渤海光怪，字亦险绝"，颇有反复之嫌。米芾见欧阳询《潭州道林寺碑》在元丰初年长沙掾任上，而欧阳询《度尚庾亮帖赞》则作于元祐年间，前抑而后扬，绝非其尊晋而抑唐可以解释，或许与米芾之狂傲自得之性格有关。

《褚摹右军〈兰亭燕集序〉赞》，序曰："右米姓秘玩天下兰亭本第一，唐太宗获此书，命起居郎褚遂良、检校冯承素、韩道政、赵模、诸葛贞、汤普澈之流，模赐王公贵人，著于张彦远《法书要录》。此轴在苏氏，题为褚遂良模，观其意，易改误数字，真是褚法，皆率意落笔，余字皆钩填，咸清润有修葺，转折毫芒，与真无异，非深知书者所不能到。世俗所收，或肥或瘦，乃是工人所作，正以此本为定。"赞曰："熠熠客星，岂晋所得？

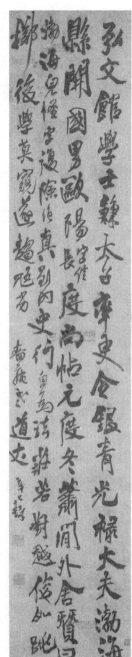

米芾跋欧阳询度尚帖

唐褚遂良《褚摹右军〈兰亭燕集序〉赞》

唐怀素《自叙帖》（局部）

养器泉石，留腴翰墨。戏著谭标，书存马式。郁郁昭陵，玉碗已出。戎温无类，谁宝真物？水月何殊，志专用一。绣缫金镯，瑶机锦绔。猗欤元章，守之勿失。（壬午闰六月九日，大江济川亭舣宝晋斋，左舟右皇对紫金浮玉群山，迎快风消暑重装。）"① 其《题永徽中所模〈兰亭序〉（永徽去贞观不远，得真为最）》诗曰：

> 永和九年暮春月，内史山阴幽兴发。群贤题咏无足珍，叙引抽毫取奇札。好之写来终不如，神助留为后世法。二十八行三百字，模写虽多谁定似。昭陵竟发不知归，尚有异形终可秘。彦远记模不记褚，要录班班有名氏。后生有得苦求高，俗说纷纷那有是。

初唐四家，尤以褚遂良成就为最高，堪称初唐以来之集大成者，米芾曾认为褚遂良之书秀妍有余而遒劲不足，即所谓"去颜肉，增褚骨"，而褚遂良一改南朝绮丽浮靡之书风，集隋唐诸家之长，绝对堪称"深知书者"，至于张彦远《法书要录》仅记神龙年间诸模本而不及褚遂良所

---

① 〔北宋〕米芾：《褚摹右军〈兰亭燕集序〉赞》，转引自《米芾集》，湖北教育出版社，2002 年。

摹本，可知其鉴赏能力有限，米芾此语颇有为褚遂良摹《兰亭序》本叫屈之意，足见米芾也不否认褚遂良之书亦颇有独到之处。

张旭、怀素为有唐一代著名草书大家，号称"颠张狂素"，开唐代草书之新风。米芾对其却颇有微词，曰："独写唐人笔札，意格尪弱，岂有胜理！其气象有若太古之人，自然淳野之质。张长史怀素岂能臻其藩篱耶？昔归公跋赵令畤古帖，得之矣，欲尽举一箧书易一二帖，恐未许也。今日已懒开箧，但磨墨终日，追想一二字以自慰也。"① 公然对唐人笔札之尪弱书格进行抨击，而以张旭、怀素等人为反面素材。

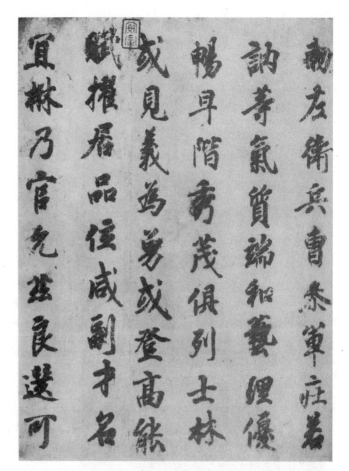

唐徐浩《朱巨川告身》（局部）

对赵令畤之古帖则推崇有加，甚至于欲以自己收藏的整箱书作与其交换一二，及至无法如愿，乃终日磨墨沉思，揣摩其笔意。其《论草书》则曰："草书若不入晋人格，辄徒成下品。张颠俗子，变乱古法，惊诸凡夫，自有识者。怀素少加平淡，稍到天成，而时代压之，不能高古。高闲而下，但可悬之酒肆。光尤可憎恶也。"② 米芾以为，晋人草书为草书准则，故草书当以晋人为楷模，否则皆为下品，张旭变乱晋人草法，怀素草书如少加平淡，颇有些天

---

① 〔北宋〕米芾：《米芾文集》，转引自《米芾集》，湖北教育出版社，2002年。

② 〔北宋〕米芾：《论草书》，转引自《米芾集》，湖北教育出版社，2002年。

唐李邕《麓山寺碑》（局部）

成意味，可惜因时代所限，亦不能如晋人高古。至于高闲之书，上不得台面，仅能作酒肆旗风而已。光之书，面目可憎，更是不值一提。

徐浩为盛唐著名的殿阁书家，供职于翰苑长达三十年之久，其所书诏书、制诰，端庄肃穆，甚合圣心，多享盛誉，唐人甚至以其书比王僧虔。对此，米芾亦颇有微词："唐人以徐浩比僧虔，甚失当。浩大小一伦，犹吏楷也。僧虔、萧子云传钟法与子敬无异，大小各有分，不一伦。徐浩为颜真卿辟客，书韵自张颠血脉来，教颜大字促令小，小字展令大，非古也。"① 米芾对张旭草书本来就颇为不满，认为其变乱晋人草法，而徐浩之书从张旭法度而来，自不能与王僧虔相提并论。

《李邕帖赞》，收于《米芾集》中，有序文曰："右唐秘书李邕，字泰和，书光王琚元宗皇帝之子，濮王峤太宗皇帝之曾孙。故紫微舍人石昌言所藏。元祐丁卯过甬上，遇紫微孙夷庚（字坦夫），以张萱六画、徐浩二古帖易得，尚有厉少府求地黄帖，白麻纸，在石氏坦夫幼安长子书画号翰林苑，苏子瞻为之序。此帖飘纵，后帖谨严。余欲此帖，坦夫惜不与，幼安程夫人于户间使以归余焉。六月甲申南郡舟中，装赞曰：蓬蓬皇皇，才高气方。张说妒善，杜甫扬光。子敬储逸，僧虔与详。润分玉莹，秀溢春方。"米芾幼年习书，师从周越、苏舜钦，常恼时人称其书有李邕之风，此处又对李邕之书多加赞赏，态度多有改变。事实上，米芾对李邕书法表现

---

① 〔北宋〕米芾：《海岳名言》，转引自《米芾集》，湖北教育出版社，2002 年。

出一种令人难以理解的态度，一方面，贬抑李邕之书，十岁时即因别人称赞自己书有北海之风而懊恼，《书评》更称"李邕如乍富小民，举动倔犟，礼节生疏"；另一方面，又对李邕所书之碑非常推崇，任职长沙时专程拜谒《岳麓寺碑》，后又赴庐山访《东林寺碑》，并有题名，至此，又以张萱六画、徐浩二帖以交换李邕之《多热要葛粉帖》。绍圣三年（1096）又以六朝画古贤、韩干马银博山、金牛洞天石古鼎与吕端交换李邕的《胜和帖》，称其"清新动人，墨渴笔劲，想运笔神助"。张萱为唐开元间宫廷画师，善仕女画与宫廷鞍马像，传世作品极少，著名者如《虢国夫人游春图》与《捣练图》。米芾为得到李邕之帖，甚至不惜以张萱六幅画与徐浩二帖相交换，其欣赏推崇之情可见矣，至少没有像他自己宣称的那样排斥。

颜真卿出身书法世家，自幼习书，开创"颜体"，为有唐一代著名的楷书大家，米芾对颜真卿之为人多有赞誉，其《颜鲁公碑阴记》曰："元祐三年，适睹郡人新公之祠，因得谒拜公像，其英气仙骨凛然如在。尝阅《洛中纪异》载公前事，考史所载，杞拜公于中书，与对德公之言，奸人表里无忤，则公之仙复何疑焉！公之大节，纪载甚多，而论次于林公之文为备，固已激忠义之颓风，沮阴邪之羞魄。至仙真事，吾又以刻于碑阴，以贻续仙传者。襄阳漫仕米芾记并书。"[1] 其对颜真卿的忠义之风大加赞赏，未论及其书。但对"颜体"却颇有贬损，其《跋颜书》曰："颜真卿学褚遂良，既成，自以挑踢名家，作用太多，无平淡天成之趣。此帖尤多褚法，石刻《醴泉尉》时及《麻姑山记》，皆褚法也。此特贵其真迹尔，非《争座位帖》比。大抵颜柳挑踢，为后世丑怪恶札之祖，从此古法荡无遗矣。《安氏鹿肉干脯帖》《苏氏马病帖》，浑厚

---

① 〔北宋〕米芾：《颜鲁公碑阴记》，转引自《米芾集》，湖北教育出版社，2002 年。

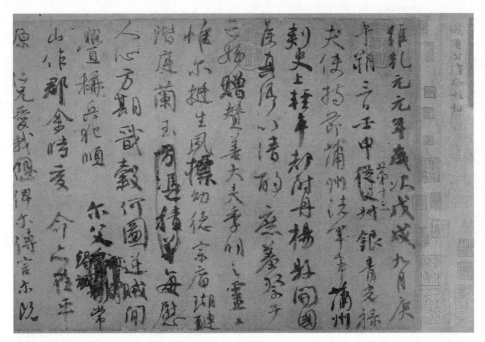

唐颜真卿《祭侄文稿》（局部）之一

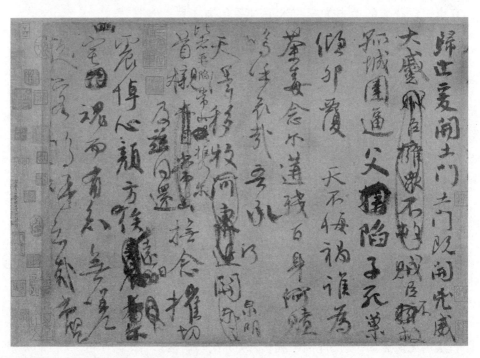

唐颜真卿《祭侄文稿》（局部）之二

淳古，无挑踢，是刑部尚书时合作，意气得纸札精，谓之
合作。此笔气郁结，不条畅，逆旅所书。李大夫者，名光

颜，唐功臣也。崇宁丙戌六月六日，从九品下米芾记。"
宋徽宗崇宁初年（1102 年），米芾在太常博士任上，品秩
为从八品，因遭人陷害贬官，故自请监灵霄宫，此跋落款
时间在崇宁丙戌（1106 年）六月六日，署名为从九品下
米芾，或许正作于监灵霄宫任上。米芾此跋多议论颜书，
以为颜真卿之书师从褚遂良，以挑踢成名，然其人为色彩
浓厚，缺乏平淡天成之意趣，开后世书法丑怪恶札之先
河，魏晋古法自颜真卿而后荡然无存。而《安氏鹿肉干脯
帖》与《苏氏马病帖》二帖，浑厚淳古，无挑踢之病，堪
称杰作。《李太师帖》作于其贬官途中，意气郁结，行笔
不畅。米芾所谓"颜体"开后世丑怪恶札之祖之语，语言
过激，有失严苛公允。"颠张狂素""颜筋柳骨"在米芾
看来，尚且多有不足，其余诸人更不必说。"欧阳询道林
之寺，寒俭无精神""柳公权国清寺，大小不相称，费尽
筋骨"之语比比皆是。

中晚唐书坛寂寥，除柳公权以外再无大家，唐末至五
代亦仅有杨凝式一人。米芾《论书格》曾称："唐末书格
甚卑，惟杨景度行书与颜鲁公壁坼屋漏同意。王荆公文尝
谓此书'意之所至，笔之所止则已，不曳以就长，促以就
短'，信斯言也。楚国米芾钱塘官舍书。"唐代书坛鼎盛，
尤重法度，前有欧、虞、褚、薛四杰，中有颠张狂素颜筋
柳骨，名家辈出，及至晚唐书坛寥落，几无大家，其书法
格调与初唐、盛唐、中唐相比，自然远不能及。杨凝式初
学欧阳询、颜真卿，后祖述二王，一变唐法，用笔奔放奇
逸，布白、结体皆有独到之处，堪称承唐启宋之第一人。
其行书或介于行、楷之间，布白疏朗，清秀洒脱，深得王
羲之笔意；或出入颜真卿《祭侄稿》之间，其用笔如泥墙
自然坼裂之痕，无布置做作之气，又如破屋壁间之雨水渗
漏痕迹，凝重而自然，故米芾称其行书与颜鲁公壁坼屋漏
同意。而王安石所谓"意之所至，笔之所止则已，不曳以
就长，促以就短"，也正是强调用笔随心意而动，不人为

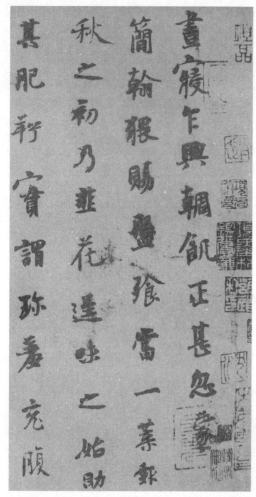

唐杨凝式《韭花帖》（局部）

布置之自然。

米芾《书评》曾论及隋、唐、宋诸多名家，"余采陈、唐至本朝书法，得一十四家。智永书气骨清健，大小相杂，如十四五贵胄编性，方就绳墨，忽越规矩；褚遂良如熟驭阵马，举动随人，而别有一种骄色；虞世南如学休粮道士，神格虽清，而体气四疲；欧阳询如新愈病人，颜色憔悴，举动辛勤；柳公权如深山道士，修养已成，神气清健，无一点尘俗；颜真卿如项籍挂甲，樊哙排突，硬弩欲张，铁柱将立，杰然有不可犯之色；李邕如乍富小民，举动倔犟，礼节生疏；徐浩如蕴德之人，动容温厚，举止端正，敦尚名节，体气纯白；沈传师如龙游天表，虎居溪旁，神清自如，骨法清灵；周越如轻薄少年舞剑，气势空健，而举刃交加；钱易如美丈夫，肌体充悦，神气清秀；蔡襄如少年女子，体态娇娆，行步缓慢，多饰名花；苏舜钦如五陵少年，访云寻雨，骏马青衫，醉眠芳草，狂歌院落；张友直如宫女插花，媚娇对鉴，端正自然，别有一种韵致。"[1] 从陈隋智永到初唐欧虞褚薛，中唐颜筋柳骨、李邕徐浩沈传师，宋有周越、钱易、苏舜钦、张友直，除颜真卿、柳公权、徐浩、沈传师、蔡襄、张友直等人稍入米芾法眼之外，其余诸如智永随意逾矩，褚遂良书有骄色，虞世南体气疲乏，欧阳询颜色憔悴，李邕如乍富小民，周越如轻薄少年，苏舜钦如五陵少年等，无不在米颠贬抑之列。

---

① 〔北宋〕米芾：《书评》，转引自《米芾集》，湖北教育出版社，2002 年，第 107 页。

其《书法赞》曾曰："去颜肉，增褚骨。发天秀，助神物。敢窃议，赠骨突。"言外多有颜真卿之书多肉，褚遂良之书少骨之意，贬抑之意甚明，尚不失公允之处。事实上，在米芾的言论中，比这措辞激烈的评述绝不在少数。在米芾与薛绍彭、刘泾等人的书信往来、书艺交流中，曾不止一次地批评隋、唐诸书法名家："欧怪褚妍不自持，犹能半蹈古人规。公权丑怪恶札祖，从兹古法荡无遗。张颠与柳颇同罪，鼓吹俗子起乱离。怀素猥獠小解事，仅趋平淡如盲医。可怜智永研空臼，去本一步呈千娻。"[①] 言辞颇为严厉激烈，与上述《书评》之评语多有不同，如关于柳公权，《书评》称其"如深山道士，修养已成，神气清健，无一点尘俗"，言辞中多有赞赏之意，此诗则称其为"丑怪恶札祖"，认为自其以后古法荡然无存，观点前后矛盾，或许是米芾的书法思想前后变化所致。

唐柳公权《神策军碑》（局部）

隋唐时期，无论楷、隶、篆、行、草，皆不乏大家名家，米芾尚且多所贬抑，至于同时代书家如苏轼、黄庭坚、蔡襄、蔡京等，更不必说了。据说，有一次，宋徽宗与米芾讨论当代书家优劣之时，米芾便多有狂妄之言。《海岳名言》曾记曰："海岳以书学博士应对。上问：'本朝以书名世者，凡数人？'海岳各以其人对曰：'蔡京不得笔；蔡卞得笔，而乏逸韵；蔡襄勒字；沈辽排字；黄庭坚描字；苏轼画字。'上复问：'卿书如何？'对曰：'臣书

① 〔北宋〕米芾：《寄薛绍彭》，转引自《米芾集》，湖北教育出版社，2002 年。

刷字。'"① 诸如蔡京不得笔，蔡卞得笔而乏逸气，蔡襄勒字，沈辽排字，黄庭坚描字，苏轼画字等等不一而足，颇有不屑之意。及至宋徽宗问及米芾自己的字时，则不无自得地说自己"刷字"，其狂妄之态可见矣，只是不知万一宋徽宗问起米芾对"瘦金体"的看法时，米芾会如何应对？

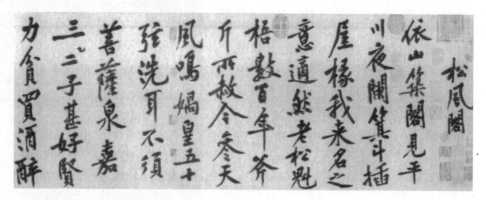

北宋黄庭坚《松风阁》（局部）

米芾的书法思想多散见于其《海岳名言》《书史》与《宝章待访录》等著作中，其鲜明特点是崇晋卑唐，但是，米芾一生对前代书家多有品评，评语亦多有矛盾之处，或前抑后扬，或前扬后抑，多有不一致之语。可以说，米芾的书法思想是在其书法创作实践中逐渐发展起来的，习书早期唯唐是尊，遍临唐代诸名家之帖，号称"集古字"；中期乃弃唐入晋，唯二王马首是瞻，视唐代诸家如草芥；后期自成一家，连二王亦不放在眼中，号称"一扫二王恶札"，其书法思想可谓复杂多变，颇有意味。

董其昌《画禅室随笔》曾对米芾书论思想的复杂多变有过一段评论，其曰："米元章云：'吾书无王右军一点俗气'。乃其收《王略帖》，何珍重如是。又云：'见文皇真迹，使人气慑，不能临写。'真英雄欺人哉！然自唐以后，未有能过元章书者，虽赵文敏亦于元章叹服曰：'今人去古远矣。'余尝见赵吴兴作米书一册，在吏部司务蒋行义家，颇得襄阳法。今海内能为襄阳书者绝少。""宋时有人

---

① 〔北宋〕米芾：《海岳名言》，转引自《米芾集》，湖北教育出版社，2002 年。

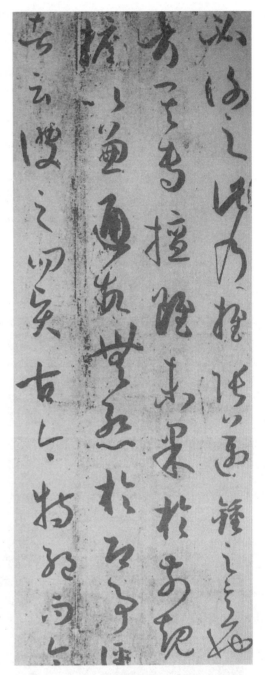

以黄素织乌丝界道，三丈成卷，诫子孙相传，待书足名世者，方以请书。凡四传而遇元章，元章自任腕有羲之鬼，不复让也。"

米芾的书论思想的确存在矛盾多变等问题，但整体而言，米芾自幼习书，遍临唐代诸帖，故能博采众长，亦能洞察唐代诸家书法的弊端，虽时有过头言论，时褒时贬，颇有反复，但仍不乏真知灼见。弃唐人晋以后，则以二王马首是瞻。及至晚年，书风大变，乃目空一切，连二王亦不放在眼中，大有天下书坛唯我独尊的狂妄。米芾为人放荡不羁，不拘小节，生性狂放自负，常率性而为不计后果，这种性格也严重地影响了他对前代书家的评判态度。

2. 品评语言：重通俗客观而忌奇巧夸张

中国古代论书思想深受汉赋影响，汉赋讲究散韵结合，专事铺叙，注重形式上的铺陈，辞藻华丽，气势宏大，这种特点极大地影响了后世文人的文学创作趋向，致使汉代以后的文人论书时也深受其影响，过分追求文法、音韵和意象的完美，对于书法创作及品评而言，多少显得有些力不从心。

魏晋南北朝以来，人性复兴，玄学兴盛一时，名士文人多以标新立异、崇尚诡谲为荣，文字著述多尚华丽浮靡之风，表现在书法理论与书法品评上就是，一味追求文辞的华美而忽略书法艺术本体的书论著述时有出现，多举珍奇抽象之喻体，意象孤僻

唐孙过庭《书谱》（局部）

米芾
评传

者少见，常让读者不知其意，虽然语言优美却不切实际，常令人摸不着头脑。

及至隋唐，这种论书风气备受有识之士的诟病。初唐孙过庭《书谱》即曰："诸家势评，多涉浮华，莫不外状其形，内迷其理。今之所撰，亦无取焉。"所谓"外状其形"，就是对过分追求意象的奇特完美的批判，而"内迷其理"则针对其品评无法揭示书法原理立论，并借此声明自己作《书谱》的书法评论取向。北宋以来，注重"格物致知""穷理尽性"，理学大行其道，致力于本体论研究，对于这样的书法品评风气，自然也颇有微词。

对此，米芾的《海岳名言》开宗明义："历观前贤论书，征引迂远，比况奇巧，如'龙跳天门，虎卧凤阙'，是何等语？或遣辞求工，去法逾远，无益学者。故吾所论，要在入人，不为溢辞。"对这种征引迂远比况奇巧或者遣辞求工的评语，米芾的态度无疑是明确的，为纠正这种弊病，米芾一反其道，提出了"要在入人，不为溢辞"的书法批评原则，他认为，书论品评如果过于追求意象奇巧、言辞夸张，难免让人产生高深莫测、华而不实之感，因此，书论品评应注重通俗易懂并且客观中肯。他认为，学书者应该透过古人品藻的溢美之词从中探寻书法的真正要领，而不要被所谓的抽象比喻所误导。米芾的《海岳名言》所收录的评书语录，语言的确平实易懂，殊少生僻华丽的辞藻，诸如"随意""自然""真趣""篆籀气"等词，亦多为平常书论语言。此处仅举一例，其评智永书《千字文》曰："智永临集《千文》，秀润圆劲，八面具备。有真迹，自'颠''沛'字起，在唐林夫处，他人所收不及也。"语言

南朝智永《千字文》（局部）

平实易懂，一句"秀润圆劲，八面具备"，已将智永《千字文》之圆润遒劲概括殆尽，堪称平实公允。

3. 书法审美：崇尚自然而反对做作

早在殷商时期，刻在龟甲、兽骨上的甲骨文就已经体现出朴素的审美意识。人们对书法艺术美的感受也与汉字的产生、发展一样，经历了长期的发展过程，才最终形成了书法艺术独特的审美标准，诸如篆书古雅，隶书雄强，行书流美等等，不一而足。不同形式的书法美是中国书法发展史的重要命题。但是，书法欣赏行为往往与书法欣赏主体的书法审美取向密切相关，正如苏轼在《孙莘老求墨妙亭诗》中所说的那样，"杜陵评书贵瘦硬，此论未公吾不凭。短长肥瘦各有态，玉环飞燕谁敢憎"，大抵是"燕瘦环肥，各具其美"而已。一般而言，流美则难雄强，雄强势难流美，二者不可得兼，所谓"萝卜白菜，各有所爱"罢了。

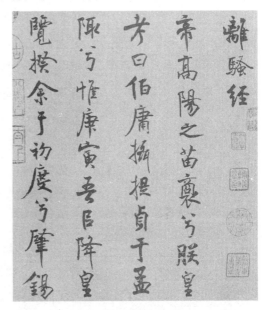

北宋米芾《离骚经》（局部）

自汉蔡邕《九势》首倡"夫书肇于自然"起，历代书论皆对"道法自然"大加推崇，极力主张书道、自然之理。唐张藻（璪）的"外师造化，中得心源"。宋欧阳修的"道胜者，文不难而自至也"，莫不如此。宋代以降，文化繁荣，书坛重意而轻法，所

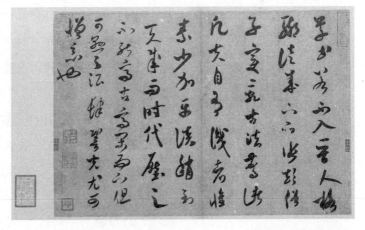

北宋米芾《论书帖》

谓"意"，即"天人合一"之产物，就是主观意义上的"自然"与"真趣"。苏轼云"我书意造本无法，点画信

手烦推求"，此处之"意"，并非无法之"意"，而是指对"信手"之间追求的自然之境，是建立在高超技巧之上的意趣。唯有"自然"才能见其"真趣"。

米芾亦不例外，他崇尚自然、真趣，与欧阳修、苏轼等人的主张如出一辙。但是，与他人相较，米芾的主观性更强，对"道"的理解转化为对"自然"及"真趣"的审美追求。其《海岳名言》称："心既贮之，随意落笔，皆得自然，备其古雅……裴休率意写牌，乃有真趣，不陷丑怪……故必须真迹观之，乃得趣……唯吉州庐山题名，题讫而去，后人刻之，故皆得其真，无做作凡俗之差……沈传师变格，自有超世真趣，徐不及也……为司马系《南岳真君观碑》，极有钟、王趣，余皆不及矣……变态贵形不贵苦，苦生怒，怒生怪；贵形不贵作，作入画，画入俗，皆字病也。"① 其所谓"心既贮之"，当然是指其内心对"自然""真趣"的认识与追求，有此"自然""真趣"作为向导，不必刻意落笔，亦能得"自然""古雅"之趣。诸如裴休、沈传师等人，率意而得真趣，可知矣。其所谓的"变态贵形"之论，则形象地说明了书法创作过程中的"自然""真趣"的重要性。其《论书》曾曰："因为邑判押，遂使字有俗气。右军暮年方妙，正在山林时。吾家收右军在会稽时《与王述书》，顿有尘气，又其验也。"所谓"为邑判押，遂使字有俗气"亦正是书法创作尚"自然""真趣"而远"俗气""尘气"的主要原因，其以王羲之暮年隐归山林之妙作与昔日右军参军任上所书《与王述书》相较，正得其宜。

对于墨迹和石刻之间的选择，米芾认为"石刻不可学"，因为"但自书使人刻之，已非己书也。故必须真迹观之，乃得趣"，可见，米芾对石刻常脱离原书之意趣有着比较深刻的认识。为此，他特地举颜书刻石大失原意为

---

① 〔北宋〕米芾：《海岳名言》，转引自《米芾集》，湖北教育出版社，2002 年。

例："如颜真卿，每使家僮刻字。故会主人意，修改波撇，致大失真。唯吉州庐山题名，题讫而去，后人刻之，故皆得其真，无做作凡俗之差，乃知颜出于褚也。又真迹皆无蚕头燕尾之笔，与郭知运《争座位帖》，有篆籀气，颜杰思也。"[1] 凡颜真卿使家僮所刻之石，往往以己之理解故会主人之意，随意修改波撇笔画，遂致刻石大失笔意。而吉州庐山题名为后人所刻，无所篡改，反而能保留颜书的真正气韵，故其书大有篆籀气。

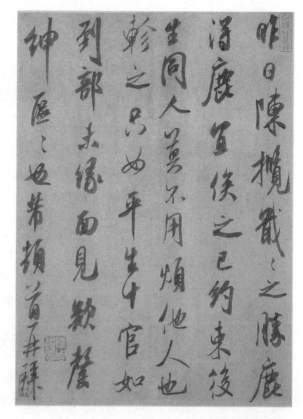

北宋米芾《陈揽帖》

4. 品评对象：重亲历而轻传闻

其《书史》亦称："金匮石室，汉简杀青，悉是传录，河间古简，为法书祖。张彦远志在多闻，上列沮苍，按史发论，世咸不传，徒欺后人，有识所罪。至于后愚妄作，组织神□，止可发笑。余但以平生目历，区别无疑，集曰《书史》，所以指南识者，不点俗目。"[2] 在米芾看来，张彦远的《法书要录》所列书家，自仓颉而下，历朝名家皆有著录，其目的正在于博闻广志，然其所记载之名家名作，有不少已不存于世，并未曾亲见，多少有欺人之嫌。至于张彦远之后的作书论史之人不负责任任意记载，罗织神鬼之事，更是贻笑大方。米芾这种坚持记载自己亲眼看见的历代法书名帖的求真务实态度，值得我们学习与继承。

其《宝章待访录》一书，即按照此原则分为"目睹"

① 〔北宋〕米芾：《海岳名言》，转引自《米芾集》，湖北教育出版社，2002 年。

② 〔北宋〕米芾：《书史》，转引自《米芾集》，湖北教育出版社，2002 年。

与"的闻"两部分，其中"目睹"自然是指米芾自己亲眼所见的前代法帖，"的闻"则指听说而未见的前代法帖，这种分类方法充分体现并贯彻了米芾在收藏、鉴赏前代书画名作时的求真务实态度。全书共记载前代法帖八十四件，其中不乏晋唐名品，著名者如王羲之《快雪时晴帖》《来戏帖》《破羌帖》《笔阵图》《笔精帖》《言叙帖》，王献之《送梨帖》《已复此节帖》，智永《千字文》，欧阳询《荀氏汉节帖》《道林寺》，虞世南《汝南公主墓志》草稿，冯承素摹王羲之《兰亭序》，孙过庭《草书千字文》，褚遂良《枯木赋》，张旭《草书四帖》《草书千字文》，怀素《自叙帖》，颜真卿《争座位帖》《祭书濠州使君文》，李邕《多热要葛粉帖》等，当然，其中亦有部分并非真迹。

二、书法技巧

《米芾文集》曾对用笔进行过详细的论述，其曰："学书贵弄翰，谓把笔轻，自然手心虚，振迅天真出于意外。所以古人书各各不同。若一一相似，则奴书也。其次要得笔，谓骨筋、皮肉、脂泽、风神皆全，犹如一佳士也。又笔笔不同，三字三画异，故作异，重轻不同，出于天真自然异。又书非以使毫，使毫行墨而已，其浑然天成，如莼丝是也。又得笔，则虽细为髭发亦圆，不得笔虽粗如椽亦扁。此虽心得，亦可学……入学之理，在先写壁，作字必悬手，锋抵壁，久之必自得趣也。"[1]

在米芾看来，用笔可分为两步，其一为把笔轻，把笔轻所以手心虚空，手心虚空才能"振迅天真而出于意外"。对此，米芾曾以世人书写大字时用力捉笔为例做说明："世人多写大字时，用力捉笔，字愈无筋骨神气，作圆笔头如蒸饼，大可鄙笑。要须如小字，锋势备全，都无刻意做作乃佳。自古及今，余不敏，实得之。榜字固已满世，

---

[1] 〔北宋〕米芾：《米芾文集》，转引自《米芾集》，湖北教育出版社，2002年。

自有识者知之。"《晋书·王献之传》曾记载，献之幼时学书，羲之曾偷偷在其身后掣肘夺笔而不得，于是感叹："此儿他日必有大成。"这是书法史上首次论及握笔之法的记载。据说，宋四家之首的苏轼，握笔颇异于常人，亦为米芾所讥。米芾此处并非专门论述握笔姿势，而是在论及世人作大字时的握笔误区，以为捉笔愈用力，愈容易致使大字无筋骨神气，故无论作

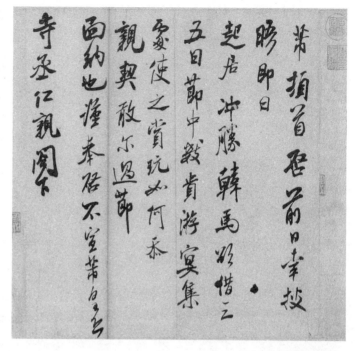

北宋米芾《韩马帖》

大字、小字，均应率意执笔，无刻意做作，必以锋势备全为要义，方能兼具筋骨神气。

　　用笔作为书法创作的三大要素之一，是无法逾越的书法形式，宋代以前的书法家对此多有论述，三国时期曹魏著名书法家钟繇即有"用笔者天也，流美者地也"的经典论断，将用笔与书法的形式美相提并论。对此，米芾又是怎样认识的呢？虽然米芾的诸多著述中涉及用笔的论述不多，但所幸米芾与宋徽宗之间的对话，为我们提供了一些相关信息。米芾所谓的"蔡京不得笔""蔡卞得笔而乏气韵""沈辽排字，黄庭坚描字，苏轼画字"等言论间，对当代书家蔡京、蔡卞兄弟，沈辽、黄庭坚、苏轼等人之书多有不屑。当宋徽宗问及米芾自己时，则自称"刷字"。这一个"刷"字，形象地说明了米芾自己用笔时的力度与气势。力度是书法用笔的重要因素，正所谓"下笔用肌肤之力"者也。

　　其《海岳名言》曰："世人多写大字时用力捉笔，字

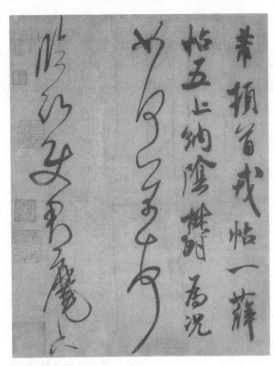

北宋米芾《临沂使君帖》

无筋骨神气，作圆笔头如蒸饼，大可鄙笑。"① 在米芾看来，书法中所说的力度绝不是一味地用力或者使用蛮力，而是借助手将力贯注于笔端，笔笔中锋，以达到力透纸背的感觉。如果不懂得将力贯注于笔锋，而仅仅是用力捉笔，则写出来的字不仅缺乏筋骨神气，而且有可能呈圆笔头，状如蒸饼，极其可笑。

米芾练习笔力的手段颇有些不同，其在传授陈寺丞作字"提笔之法"时曾提到他的"提笔"，所谓"以腕着纸，则笔端有指力，无臂力也"。另外，"刷字"也对速度有所要求，以笔锋发力，下笔自然肯定、果敢，瞬间顺势而落，恰如"彤管电流""兔起鹘落""稍纵即逝"。当然，这里所谓的速度也绝不是简单地快速书写，而是得势发力。还有，个人情感的宣泄也更适合"刷"字。米芾所谓的"稳不俗、险不怪、老不枯、润不肥"，意思就是，字体要平稳而不落俗套，字势要奇险而无怪异之感，笔墨要老到而不干枯，字形要润泽而不肥腻，恰如姜夔所言之"无垂不缩，无往不收"吧。诸如圆曲、肥瘦、疏密、糙润、骨肉等这些书法创作中的矛盾统一体，应该巧妙地融合在书法作品中，即所谓的"骨筋、皮肉、脂泽、风神俱全，犹如一佳士也"。

书法创作本来就是书法家抒情画心的表达方式，自然离不开情感的宣泄，正所谓"达其性情，形其哀乐"。米芾一生，至情至性，有时候甚至是任情恣性，其情感的宣泄比一般人来得更快也更强烈，在古人创立的法度基础上自由地抒发自己的情感，也正符合米芾癫狂的个性，因

---

① 〔北宋〕米芾：《海岳名言》，转引自《米芾集》，湖北教育出版社，2002年。

此，用"风樯阵马，沉着痛快"来比喻米芾之书，无疑是恰如其分的。一个看似简单的"刷"字，包括了用笔力度、速度与情感宣泄等多重含义，也折射出米芾书法的用笔奥秘，造就了米芾的独特书法风格。

米芾之用笔，往往体现在对正敧、偃仰、向背、转折、顿挫的辩证处理中，从而形成飘逸超迈的气势和沉着痛快的风格。米书最典型的特征之一，便是起笔、落笔重，中间运笔稍轻，折笔时往往使用侧锋直转而下，其捺笔的变化极多，

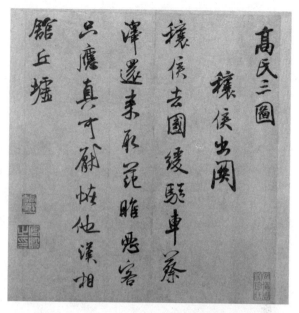

北宋米芾《襄侯出关诗帖》

下笔的着重点往往因时而异因字不同，时而在起笔，时而在落笔，有时却在一笔之中，遇较长横画时，甚至会采用一波三折的运笔之法。因此，米芾之书法作品面貌往往复杂多变，神采各异。此外，米书的钩笔，亦颇具特色。一般而言，米书体势敧侧有致，欲左先右，欲扬先抑，目的是增加跌宕跳跃的风姿与迅疾飞扬的神气。米芾自幼遍临前代法帖，有着几十年的集古字的浑厚功底，因此能随心所欲下笔，天真自然，绝不矫揉造作，这种境界在米书渐趋成熟以后更加完美。及至人书俱老，即跻身"宋四家"之列，与苏轼、黄庭坚、蔡襄齐名，如不论苏轼作为北宋文坛领袖一代文宗之盛名及黄庭坚作为江西诗派的领袖的影响，仅就书法一门艺术而言，则米芾之书法造诣当居四家之首。

后世之人习米书，往往缺乏深厚的书法功底，面对米书敧侧有致的体势与跌宕跳跃的风姿，当然无法灵活驾驭，故多失之"艰狂"。客观地说，米芾之书重气势与力度，敧侧有致，迅疾飞动，本来就不适合初学之人。以米芾数十年遍临前人法帖的经历，尚且被讥讽为"集古字"，

米芾 评传

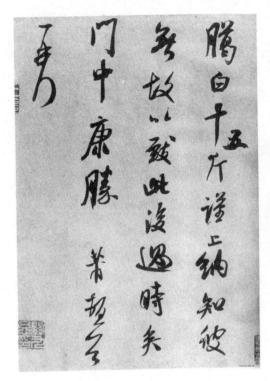

北宋米芾《腾白帖》

直到晚年以后才逐渐独树一帜自成一家，更何况初学之人呢？

其二须得笔，得笔才能骨筋、皮肉、脂泽、风神俱全，恰如佳士，肥瘦合宜，精神肉身皆具神气。"骨"与"肉"是中国书法中对立统一的范畴，对二者之间的关系与处理技巧，米芾有着独特的体会，"字要骨格，肉须裹筋，筋须藏肉，帖乃秀润生布置。稳不俗，险不怪，老不枯，润不肥。变态贵形不贵苦，苦生怒，怒生怪；贵形不贵作，作入画，画入俗，皆字病也。"① 所谓"得笔"除指用笔之外，还包括了分布与结体。

米芾主张，字的分布与结体应该相辅相成，融裹与藏、肥与瘦、疏与密、繁与简等对立因素于一体，以达到"稳不俗，阴不怪，老不枯，润不肥"的境界，即"骨筋、皮肉、脂泽、风神皆全，犹如一佳士也"。他非常注意整体气韵与细节完美的结合，故书写时能左右相顾，字与字、行与行、虚与实等皆能兼顾，强调意在笔先，胸有成竹。米芾曾自称"刷字"，并借以区别于别人的"勒字""排字""描字""画字"。当然，米芾自称"刷字"，或许是出于对自己用笔、得笔水平的自信，或许是出于对苏、黄、蔡、沈等人书艺的不屑，尽管如此，但我们不能否认的是，米芾此语还是很有道理的，因为只有"刷"字，才能将米书的迅猛气势与强大力度表现得淋漓尽致。

关于如何才能使字骨筋、皮肉、脂泽、风神俱全，米芾也有自己的独到认识。米芾极力反对唐楷法度的大小齐平方正，他认为，唐人视徐浩之书如王僧虔书的做法极不

---

① 〔北宋〕米芾：《海岳名言》，转引自《米芾集》，湖北教育出版社，2002 年。

北宋米芾《适意帖》

恰当。原因是，徐浩的楷书大小平齐方正如一，像极了书
吏之楷，缺乏个性。而王僧虔、萧子云等人传承钟繇楷
法，"与子敬（王献之）无异，大小各有分，不一伦"①，
与徐浩的楷书存在明显的区别。此外，米芾还主张，"凡
大字要如小字，小字要如大字"②，即大字用笔应像写小
字般从容，大字结体亦应像写小字般紧密。盛唐时期的张
旭号称"草圣"，但其楷书功底亦颇为深厚，颜真卿曾师
从张旭习书，深谙其所谓的"小字展令大，大字促令小"，
在米芾看来，正是这种"小字展令大，大字促令小"的做
法，导致了古法的衰亡，而张旭则为罪魁祸首。对此，其
《海岳名言》曾曰："石曼卿作佛号，都无回互转折之势，
小字展令大，大字促令小，是颠教颜真卿谬论。"③他主
张，字形的大小其实根本不必刻意地拓展或促狭，只要随
着字形的大小自然就能相称。为了证明自己的观点，他还
特举出了反证："且如写'太一之殿'，作四窠分，岂可将
'一'字填满一窠，以对'殿'字乎。"④按照张旭的方法，
必然要人为地将"一"字拓展增大而将"殿"字缩小，

①②③〔北宋〕米芾：《海岳名言》，转引自《米芾集》，湖北教育出版社，2002
年。

但是"一"字只有一画，再怎么拓展也只是一横画，又如何才能与十三画的"殿"字相称呢？米芾此说颇有道理。不过，《海岳名言》中还记载了这样一段话，米芾以自己进行书法创作的亲身实践来说明字形内在的相称性。其曰："余尝书'天庆之观'，'天''之'皆四笔，'庆''观'字多画在下，各随其相称写之，挂起气势自带过，皆如大小一般，真有飞动之势。"① 米芾用实践经验证明，结体的灵活性可以增强整篇书法作品的丰富变化，只要遵循字体内在的规律，顺其"自然"结体，即可得书之"真趣"。

对于大字与小字的书写原则及辩证关系，米芾认为："凡大字要如小字，小字要如大字。褚遂良小字如大字，其后经生祖述，间有造妙者，大字如小字，未之见也。"② 主张大字如小字，小字如大字，然小字如大字容易而大字如小字难，褚遂良之楷即是小字如大字之例。又以自己的创作经验为例："吾书小字行书，有如大字，唯家藏真迹跋尾，间或有之，不以与求书者。心既贮之，随意落笔，皆得自然，备其古雅。"③ 当然，对于自己小字行书有如大字，米芾是颇为自得的。

正是出于上述书法批评原则，米芾对于前代诸家书论亦多有不同主张。当然，有些主张也有失之过激严苛之处。但是他敢于质疑前代名家、权威的勇气与精神，无疑是值得我们钦佩的，当然也值得我们借鉴与学习。他对前代书家的用笔、结体、布局亦颇有批判，这种事例在《海岳名言》中尤为常见，在米芾看来，欧阳询《道林寺帖》寒俭无精神；柳公权的"大中国清之寺"题字，则大小不相称，费尽筋骨；而薛稷的"慧普寺"题字更是笔笔如蒸饼，至于杜甫所评论的薛稷此书"蛟龙岌相缠"，米芾更是直言"老杜不能书"。前代书家在米芾看来，尚有不堪之处，与他同时代的书家，当然更难入米芾之法眼了。诸

---

①②③〔北宋〕米芾：《海岳名言》，转引自《米芾集》，湖北教育出版社，2002年。

如蔡京不得笔、蔡卞得笔而乏逸韵、蔡襄勒字、沈辽排字、黄庭坚描字等等，即使是米芾北面而事倾心相交的苏轼，也难逃被米芾非议的命运，称其为画字。诸如此类，不一而足。当然，米芾用"勒""排""描""画"字形容蔡、沈、黄、苏等人的书法，虽然不乏刻薄之意，但也称得上形象，不失公允之处。

三、米芾的习书之路

米芾自幼聪慧，六岁即能日诵唐诗百首，颇通经书。此外，习书也是幼年米芾的必修功课。据米芾自述："余初学颜，七八岁也。字大一幅，写简不成，见柳紧结，乃学柳《金刚经》。久之，知书于欧，乃学欧。久之，如印版排算，乃慕褚而学之最久，又慕段季展转折肥美，八面皆全，久之，觉段全绎展《兰亭》，遂并肩法帖，入晋魏平淡，弃钟，方而师师宜官《刘宽碑》是也，篆便爱《诅楚文》《石鼓文》，又悟竹简以竹聿行漆，而鼎铭妙古老焉，其书壁以沈传师为主，小字大不取也。"[①] 据此，米芾自七八岁起，即开始练习书法，初学颜、柳，后习欧、褚、段等人，先后师法诸唐名家

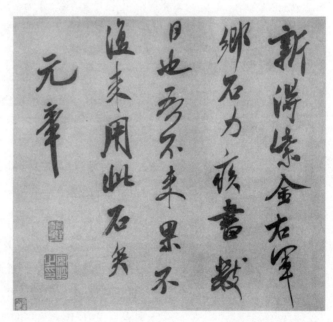

北宋米芾《乡石帖》

，练就了一身扎实的书法基本功。这也为日后米芾从"集古字"到自成一家的书法创作历程奠定了坚实的基础。

元丰五年（1082），米芾于黄州拜谒苏轼，听从苏轼

---

① 〔北宋〕米芾：《米芾文集》，转引自《米芾集》，湖北教育出版社，2002年。

北宋米芾《烝徒帖》

建议，从此弃唐入晋，于是四处寻访晋人法帖，一年之内就得到了王献之《中秋帖》，此帖对米芾产生巨大影响，常有羲之不如献之之感。尽管如此，生性狂放不羁的米芾，并未在王献之面前停下探索的脚步，绍圣年间，即有"老厌奴书不换鹅""一洗二王恶札"之狂。据说，米芾还曾取法羊欣，李之仪曾作诗称赞米芾"海岳仙人不我期……笔下羊欣更出奇"。史书记载不详，米芾学羊欣或许在元祐六年（1091）以后卜居润州海岳庵之时吧。遍习诸家，临池不辍，但直至此时，米书亦尚未定型，元祐三年（1088）的《苕溪帖》《殷令名头陀寺碑跋》《蜀素帖》等写作时间前后不超过一个半月，书风却呈现出明显的差异，亦尚未走出"集古字"的藩篱。大约在米芾五十岁以后，"既老始自成家，人见之，不知何以为主"，才最终完成了米书风格的确立过程。

米芾一生，倾心于书画奇石，用力甚勤，竟至到了"一日不书，便觉思涩，想古人未尝片时废书也"[1]，他效法智永，苦练书法，所谓"智永砚成臼，乃能到右军，若穿透，始到钟、索也，可永勉之"[2]，终日临池不辍。元丰五年（1082）以前，米芾几乎遍临初唐四家、颜柳等名家法帖刻石，其中习褚遂良书时间最久，深谙唐人法度，故三十岁以前曾被人讥讽为"集古字"。元丰五年以后，

---

[1][2]〔北宋〕米芾：《海岳名言》，转引自《米芾集》，湖北教育出版社，2002 年。

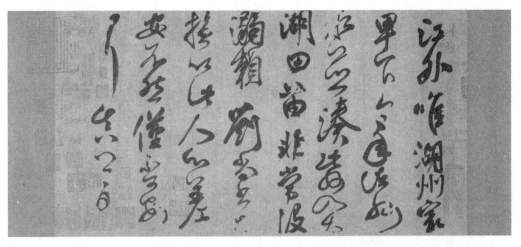

北宋米芾《摹颜真卿〈湖州帖〉》

米芾于黄州拜谒苏轼，此后遂采纳苏轼之建议，弃唐人晋，从此，在学习二王书法的道路上探精抉微，博采众长。据说，他临摹的二王诸帖，曾迷惑了当时很多的鉴赏大家，诸如驸马王诜、沈括等都曾误以为是"二王"真迹收藏，沈括甚至因此与米芾绝交。流传至今的王献之《中秋帖》、颜真卿《湖州帖》等，相传也是出自米芾手笔。可以说，米芾之精于临摹、鉴赏，无疑来自他对传统的深入学习和勤学苦练。

综观米芾的一生，其学书道路大致可分为两个重要阶段：第一阶段，从古人的法书墨迹和心得之言中吸取养分，即"入古、学古"，正如他自述的"壮岁未能立家，人谓吾书为'集古字'"①。明代董其昌《画禅室随笔·评书法》曾曰："盖书家妙在能合，神在能离，所欲离者，非欧、虞、褚、薛诸名家伎俩，直欲脱去右军老子习气，所以难耳。哪吒析骨还父，析肉还母，若别无骨肉，说甚虚空粉碎，始露全身。"他认为，书家学书，首先要"合"，即遵循历代名家技法，力求形似；其次则要"离"，即远离欧、虞、褚、薛等诸名家技法，甚至脱去右军习气。所谓"合"，指要合乎写字之法，关键是强调形

---

① 〔北宋〕米芾：《海岳名言》，转引自《米芾集》，湖北教育出版社，2002 年。

北宋米芾《闻张都大宣德帖》

似；而所谓"离"，则指在形似基础上的脱离法度约束，遗其形貌而取其神髓，关键强调神似。所谓神似，就是自己的标新立异，就是注入自我审美情趣的创造，从而拥有自己独特的风格。这是每一位书家得以登入更高艺术殿堂的必经之路，这一过程也就是书法和书家在汲取前人成果基础上的伟大创新。结识苏轼之前的米芾，被时人称为"集古字"，足见当时的米芾之书已经基本上完成了遵循、掌握历代名家技法的"妙在能合"阶段，临摹前代名家之笔法、结体，尚未形成自己的独特风格。第二阶段，取法名家，造就己风，即"出古""化古"。正如他自己所说的那样，"盖取诸长处，总而成之，既老，始自成家，人见之，不知以何为祖也。"① 这是米芾在书法临摹的基础上变法创新的结果，经过多年的书法创作实践，米芾已经逐步跳出"合"之窠臼而入"离"之境界，正所谓"万法归一，为我所用"，逐渐形成了自己的独特书风。清代王文治曾作诗《论书绝句》盛赞米芾："天姿凌轹未须夸，集古终能自立家。一扫'二王'非妄语，只应酿蜜不留花。"②

米芾之书，《宋史》称其"得王献之笔意"，《宣和书

---

① 〔北宋〕米芾：《海岳名言》，转引自《米芾集》，湖北教育出版社，2002 年。
② 〔清〕王文治：《论书绝句》，转引自《历代书法家述评辑要》，齐鲁书社，1988 年。

谱》谓"书效羲之，诗追李白，篆宗史籀，隶法师宜官，晚年出入规矩，深得意外之旨"[1]；南宋葛立方《韵语阳秋》曾称，米芾最初学罗逊、濮王之书，后一变其体，乃师法王献之；南宋周必大称米芾初学罗让书；北宋曾觌之说可谓较符合米芾之说，他认为米芾早年遍学唐宋诸家，涉猎良多，晚年则师法钟繇与二王；南宋范成大则认为米书最初取法沈传师，后又追随王献之；南宋吕企中称米芾最初学颜真卿，再学李邕，后学沈传师，师承颇杂。事实上，米芾书法的师承关系确实复杂，仅依其诗文论著，即可知米芾先后学过周越、颜真卿、柳公权、欧阳询、段季展、沈传师、王羲之、王献之、师宜官等众多前代名家，又从《诅楚文》《石鼓文》而学篆书，从名家到名帖、名碑，米芾始终在学习书法的道路上不停探索，最终形成了自己的独特风格。

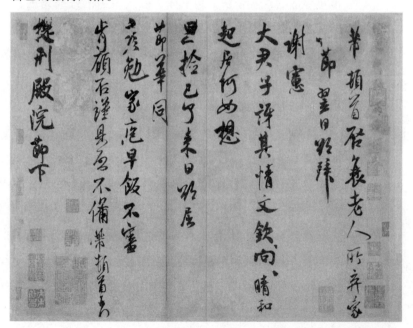

北宋米芾《提刑殿院帖》

---

① 〔南宋〕《宣和书谱》，转引自《历代书法家述评辑要》，齐鲁书社，1988年。

米芾善临摹古人法帖，历代多有评述，有人讥讽其为"集古字"，亦有人称其学古而出新意，对此，米芾《海岳名言》曾曰："壮岁未能立家，人谓吾书为集古字，盖取诸长处，总而成之。既老始自成家，人见之，不知以何为祖也。"虽然他承认自己中年时尚未形成自己的独特书风，不足以成家，但是对别人"集古字"的讥讽，却表达了委婉的不认同，称自己是博采众长以为己用。及至晚年独特书风形成以后，又颇为自得，称己书全无他人之痕迹。当然，米芾是勇敢的，也是自负的，他对前人的评论通常都比较苛刻，甚至于连他最为崇拜的王羲之、王献之父子，亦敢于宣称"一洗二王恶札，照耀皇宋万古"，其狂妄自负可见一斑。事实上，虽然米芾有时候表现出他人难以想象的狂妄自负，但其在书法道路上的探索与追寻却表现出非同寻常的执着勤奋，绝不像一般人所谓的好高骛远、见异思迁、泥古不化。米芾自幼习书，博采众艺，经历数十年的磨砺，最终自成一家。他对前代书家的评论虽有过激之处，却往往一语中的，针对性极强，眼光独到而犀利，非一般书论家所能比。

通过对米芾《海岳名言》中笔法、结体的分析总结，米芾的书学思想也逐渐清晰起来。诸如"要在人人，不为溢辞"的书法品评原则，崇尚"自然""真趣"的书法审美观，"锋势备全，大小有分"的书法技法论等等，对中国书法发展史及书法理论都具有比较深远的影响。总结米芾的书法思想，大致可以分为以下五方面：其一，把笔轻，把笔视如无物，"心手虚"，不受笔之拘束，遂能挥写自如，以达"振迅""天真"之目的，熟练后再求变化，自然有意想不到之巧妙；其二，得笔，字的骨、筋、皮、肉的线条遒劲、美观，脂泽和风神的结构要求统一，正所谓"字要骨格，肉须裹筋，筋须藏肉，帖内秀润生布置"；其三，字与字之距离应根据书写内容来决定，长短不一参差不齐，方能自然生动不呆板，下笔之前应对整幅作品的用笔、结体与布白有一定的安排，然后再下笔；其四，"使毫"与"行墨"应相辅相成，方能达到浑然天成之境界，有如莼菜丝般柔和流畅，使人在欣赏书法作品的同时产生美感与渴望；其五，应处理好"圆"与"扁"之间的辩证关系，"圆"即浑厚，"扁"即涩弱，无论中锋抑或偏锋，只要运笔得法，便不至于"扁"。米书中多用涩笔，故能沉着挥毫，写至精熟时，自然痛快淋漓，随心所欲。

米芾的运笔变化多，是历来评论者公认的。他自己曾得意地说："善书者只有一笔，我独有四面。"他用"三"字"三画异"，表明他不满足于用笔的平板和缺乏变化，力求在统一中求"异"。按照这种说法，哪怕一个简单的"三"字，三画的长短、间距、起笔落笔和呼应、萦带均应不同，方能产生错综变化的美。

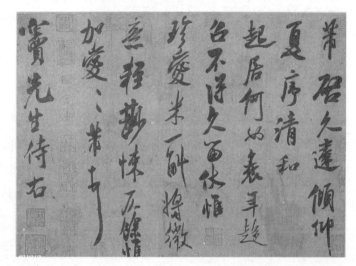

北宋米芾《久违帖》

当然，在一幅作品中，任何一字都并非孤立的存在，除讲求单字的"异"，还必须顾及上下左右的许多字相契合而产生的变化，自然不能机械地遵守那些刻板的规定，否则，就无法遵守"'三'字三画异"的原则要求。越是简单的字，越要求运笔的纵横挥洒，在米书作品弥漫着的迅猛力量与跌宕气势背后，又无时无刻不流露着过人的智慧，看似毫无顾忌不经意，实则笔笔都经过深思熟虑。

米芾自幼习书，取法晋唐诸名家，又醉心收藏古代法书名帖，长期浸淫于古代书法名迹之中，天天观摩，日日临习，以"随意落笔，皆得自然，备其古雅"的理想境界为毕生追求，对"志气和平，不激不厉，而风规自远"的

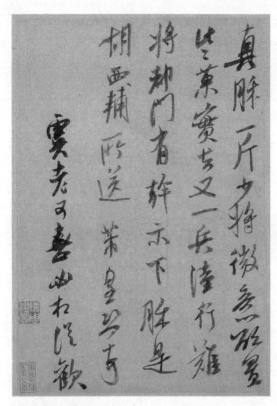

北宋米芾《真酥帖》

传统艺术思想崇尚有加并身体力行。如果他像晋唐诸先辈或与其同时代的书法名家那样，或许也能开创出一派平和简静的书风，但是，米芾之所以为米芾，正在于他的率性癫狂自负，这造就了他那迅猛跌宕的欹侧书风，与需要借助于酒等催化媒介方能激发创作激情的"颠张狂素"和"佯疯避世"的杨凝式相比，米芾的癫狂似乎更为彻底，也更为大胆露骨，这也是米芾能在书法艺术史上掀起了一股张扬外露、既"激"且"厉"的书法狂澜的主要原因。后世人评价米芾书法，常使用"快剑斫阵""弩射千里""风樯阵马""沉着痛快""天马脱衔"等字眼，的确概括出了米芾书艺的特点，无论是运笔技巧，还是感官欣赏，都堪称恰当，其笔势大胆放纵，收放自如，结字不拘成法，恰如疾风中的快帆，硝烟中的战马，迅疾有力而气象万千。

表面上看，米书作品中，几乎每个字的结构都呈现为欹侧之势，或左倾，或右斜，独立地看个体的字，似乎都会令人产生岌岌可危的感觉，但是，放眼整幅作品，却又会意外地发现，整体给人和谐平衡的感觉，似乎每个字都与其上下左右的字存在某种支撑关系，倾而不倒，斜而不乱；结体上，往往将突出的主笔作为全字的支柱，辅以次笔，实现结体平衡；章法上，以心意统帅全篇，不衫不履，随意落笔而字字追随；布白上，大块空白与紧凑点画形成强烈的对比，极大地增强了视觉效果，形成了一种不同于以往的独特风貌，这是在米芾之前的任何书家的作品中都无法找到的。当然，这种风貌与米芾毕生追求的"随意落笔，皆得自然，备其古雅"的理想境界相比，充其量是一种矫枉过正的表现，但是，这是长期备受压抑的个性对朝廷、对社会的不满与反弹，是米芾书法艺术的感性世界与理性世界的淋漓尽致的斗争！这是追求自由的理想愿望的别样表现形式，率意放纵的笔法，奇诡癫逸的结体，放浪形骸的布白，跌宕跳跃的气势，下笔如飞，纵横挥洒，字里行间都是米芾的精神世界对现实世界的无声控诉！

米芾曾作《论书学》札子一通，时间大致在其书画学博士任上。其文曰：

> 一太史星历学小史，书画学自汉隶，东观稽用典籍甚多。太学所无，欲乞仿古隶，秘书省试经义附太学文艺，并优取自上旨。一书学自祖宗朝句中正杨南仲周越，咸以他官知判，书石而已，无职事。自遇圣上天纵悟笔一贯，欲厘凡格，以造高古，缘珍图名札，必俟心悟笔随，乘兴掞妙非可，课程或撰列珍图，临成名札，必经天鉴，以判工拙，难从外勘，当欲乞径于内东门司具状投进，或非时宣取，乞依太常寺例用榜子奏报。一如蒙改隶，伏睹旧工部作，七寺监内一位乞充两学，诸色人等并乞依武学例，秘书省钱不足，以太学钱通给。右取进士。

此论缘于宋徽宗时期首设书、画学博士之职，米芾追溯书画学的设置历史，汉代始设，多书汉隶，东观图籍所用最多，太学中则无。至于本朝立国初年的太祖、太宗时期，亦无专门的书画学职务之设，从杨南仲、周越开始，多以其他官员兼职，主要职责就是书写碑刻，无具体事务。至宋徽宗时期方专设此职，从属于七寺监，官员俸禄似乎由秘书省支出，如不足当以太学钱补足。米芾此记一定程度上记录了北宋时期的官职设置变迁，可填补《宋史·百官志》之空白。虽与米芾的书法思想无涉，但因涉及米芾对书学发展的认识，权置于此。

第五章　书作品评

米芾自幼爱好读诗书，从小受到良好的教育，天资聪慧，六岁时能背诗百首，八岁学书法，十岁摹写碑刻，小有声誉。十八岁时，宋神宗继位，因高太后不忘米芾母亲阎氏的乳褓旧情，恩赐米芾为秘书省校书郎，从此他开始走上仕途，直到 1107 年卒于任上。米芾一生官阶不高，这与他不善官场逢迎，又为人清高有关。米芾是一个有真才实学的人，不善官场逢迎使他赢得了很多的时间和精力来玩石赏砚钻研书画艺术，对书画艺术的追求到了如痴如醉的境地，他在别人眼里与众不同，不入凡俗的个性和怪癖，也许正是他书法成功的基石。他曾自作诗一首："柴几延毛子，明窗馆墨卿，功名皆一戏，未觉负平生。"他就是这样一个把书画艺术看得高于一切的恃才傲物之人。

《宋史》《宣和书谱》皆记米芾善于临仿。据说，流传至今的王献之《中秋帖》，就是米芾临本。临摹二王法帖能做到以假乱真的程度，足见他对二王书法的用笔、结字、章法、气韵有深刻的理解和领悟，这也是米芾书法的坚实基础。米芾作书十分认真，不像某些人想象的那样，不假思索一挥而就。米芾自己说："余写《海岱诗》，三四次写，间有一两字好，信书亦一难事（明范明泰《米襄阳外记》）。"一首诗，写了三四次，还只有一两字自己满意，其中的甘苦非个中行家里手不能道，也可见他创作态度的严谨。米芾以书法名世，为"宋四家"之一，若论体势峻迈，则当属第一，但其成就并非全属天资聪颖，而是

北宋米芾《寄魏泰诗帖》（局部）

来自后天的努力。其《海岳名言》也不止一次地提及其勤奋习书之事，所谓："一日不书，便觉思涩，想古人未尝片时废书也。""智永砚成臼，乃能到右军。若穿透始到钟索也。可永勉之。"试想，一日不书而思涩，足见日日习书已经成为米芾的习惯，又以智永磨砚成臼激励自己习书不懈，以求达到王羲之、钟繇、索靖之境界，米芾之勤奋严谨可见矣。三十岁时，米芾在潭州任长沙掾，见李邕《麓山寺碑》，次年又至庐山寻访东林寺碑，并题名于其上；元祐二年（1087）还用张萱画六幅、徐浩书二帖交换李邕的《多热要葛粉帖》以临习之。可以说，米芾一生，始终在习书之路上不停地探索进步。以其前后书作判断，米芾在临桂尉任上所书之临桂伏波岩题名摩崖，略存气势，然尚无自成一家之相；三十岁时所作之《步辇图》题跋，亦令人多生天资有余而功力不足之叹。及至晚年，方能自成一家，全无前期"集古字"之痕迹，观者至有不知其师法何处之感慨。

米芾性格高傲，常有自夸之语，然宋代文化政策开明，文人地位颇高，自视甚高者大有人在，非米芾一人如此，故偶尔自夸亦在情理中，正如前人所云"高标自置"。米芾诸诗文著作中，不止一次叙及其学书经历，言语间偶有不同之处，亦颇有些故弄玄虚的味道。他曾对宋徽宗赵佶自称"臣自幼便学颜行"，即是明证，虽有自夸之语，亦不失客观。但是米芾的成功完全来自后天的苦练，丝毫没有取巧的

北宋米芾《摹王献之〈中秋帖〉》

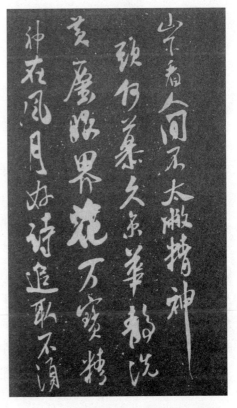

北宋米芾《建州帖》（局部）

北宋米芾《阎立本〈步辇图〉观跋》

成分，倒是千真万确的事实。

米芾书法以行书成就为最高，笔力劲健，气势逼人，前后创作亦多达数百，惜散佚者众，留存至今之代表书作如《珊瑚笔架图》《吴江舟中诗卷》《箧中帖》《张颠帖》《苕溪帖》《殷令名头陀寺碑跋》《蜀素帖》《向太后挽词》等。

《阎立本〈步辇图〉观跋》，是米芾题写在唐代著名画家阎立本《步辇图》上的两行观跋，作于元丰三年八月二十八日，当时米芾三十岁，是米芾最早的行书书迹。其起笔、收笔用力顿按，结体紧凑，字形耸峙，欹侧之态明显，受欧阳询行书影响颇深。与此后所书的《三吴帖》《乱道帖》《苕溪诗卷》等有着基本相似的态势特征，欹侧耸峙，用笔险峻，给人以强烈的视觉冲击。米芾幼年习书，遍临唐代诸家书，诸如欧阳询、褚遂良、颜真卿等，皆在临习之列，故米芾行书在欧阳询险峻之外，又兼有颜真卿之宽博与褚遂良之骨力，又能"去颜肉，增褚骨"，较欧阳询柔美，比颜真卿瘦劲，比褚遂良险峻，风格极其多变，观感上更为超迈。

《法华台诗帖》，纸本，行书，纵29.8厘米，横42厘米。现存于故宫博物院。其诗曰："法华台。块圠有同色，雪深云未开。终南晴夜月，仿佛似登台。"法华台，不知何处名胜，然据南宋词人侯宣《水调歌头·题岳麓法华台》一词，长沙岳麓山有法华台，且米芾曾任职长沙，屡登岳麓山，据此，或许此《法华台诗帖》即作于其长沙掾任上。时间约在宋神宗元丰三年（1080）前后。通篇以浓墨为之，运笔酣畅，使转迅疾，率性而书，任意天然，与《阎立本〈步辇图〉观跋》之工笔直书截然不同，为米芾早期行书作品。

《道林诗帖》，纸本，行书，纵30.1厘米，横42.8厘米，现藏北京故宫博物院。其文曰："道林，楼阁（鸣）明丹垩，杉松振老髯。僧迎方拥帚，茶细旋探檐。"

北宋米芾《法华台诗帖》

北宋米芾《道林诗帖》

该帖约作于宋神宗元丰三年，当时米芾正任职长沙掾，又自岳麓道林寺中得沈传师《道林诗帖》，政务闲暇之时，多所临摹，甚得沈氏真谛，遂自书《道林诗帖》。此帖与上述《法华台诗帖》书风极为相似，通篇使用浓墨，率性而作，笔法随意天真，岳麓山的如画美景与参佛悟道的轻松适然不经意间流露于笔端。稍有不同的是，此帖欹侧之态不甚明显，整体略微右倾，力道稍显欠缺。帖上有"采秀堂"（朱文）、"紫芝堂印"（朱文）、"赵礼用观"（朱文）、"吴郡董宜阳印"（白文）、"全卿"（朱文半印）、"真赏"（朱文半印）等鉴藏印记。此帖印鉴颇多，一定程度上透露出此帖的流传收藏序列，从印鉴可知，此帖先后经俞弁、董宜阳、赵礼用等收藏家之手。还曾入清乾隆内府。紫芝堂为明代收藏家俞弁读书、藏书之所。董宜阳（1511－1572），字子元，别号七休居士、紫冈山樵，明代嘉靖间诗人、书法家，楷书取法虞世南，行草师法隋僧智永，亦精鉴裁，嗜好收藏。采秀堂为乾隆的内府堂号，赵礼用为康熙时期的鉴藏录。

《三吴帖》，行书，纸本，上书信札及五言古诗各一。约作于宋神宗元丰四年（1081）。纵 30.6 厘米，横 63 厘米，现藏于台北故宫博物院。其文曰："黻谨以鄙诗送提举通直使江西，襄阳米黻上。"其诗曰："三吴有丈夫，气欲吞海水。开口论世事，借箸对天子。瑞节高如松，一岁几繁使。秋水浮湘月，罇酒屡觏止。言别不可攀，寥虚看

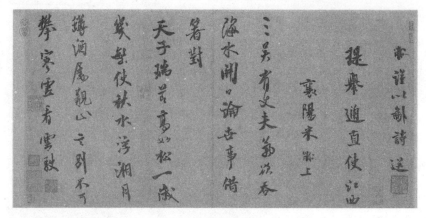

北宋米芾《三吴帖》

云驶。"元丰三年，米芾自长沙掾卸任，至杭州任观察推官一职，此处之"提举通直"不知何许人也，据序文及诗意，此人当为米芾友人，前往江西出使，路过杭州，米芾遂作诗书以送别之。从该帖的书写随意自然来看，米芾与此人关系匪浅，故诗书皆顺手拈来。字势攲侧，运笔如飞，墨色以浓墨为主，间有淡墨飞白之姿，气韵贯通，一气呵成，有天真烂漫之态。章法、布局稍显松散，末尾数行攲侧尤其明显，已现微斜之势，为此帖之小憾。

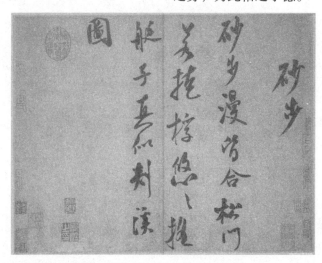

北宋米芾《砂步诗帖》

《砂步诗帖》，又称《砂步二诗帖》，行书，墨迹，纸本。纵31.3厘米，横559.8厘米，现藏于北京故宫博物院。全帖共书五言绝句二首，共10行，413字。第一首纵29.6厘米，横38.5厘米；第二首，纵29.5厘米，横39.8厘米。此帖前后分别钤有元俞和、明文徵明等人的印记，证明曾经为俞、文二人收藏。清代时期，入于内府，此后流落民间。此帖书法潇洒遒媚，字体修长，字形偏瘦，墨色浓淡兼有，使转清晰，渐露峭劲之势，且结体紧密，受欧阳询影响之痕迹明显，为米芾早年书法之典型风貌。

《盛制帖》，行草书，墨迹，纵27.4厘米，横32.4厘米，现藏北京故宫博物院。约作于元丰五年（1082）。其文曰："盛制珍藏，荣感日夕，为相识拉出，遂未得前见寒光之作，固所愿也。一两日面纳次。黻顿首。天启亲。"蔡肇（？-1119），字天启，润州丹阳人，蔡渊之子，北宋画家，善诗文，与米芾过往甚密，交情深厚。因此帖为米芾寄给密友之信札，故书写相对随意，罕少拘谨，除首行"盛制珍藏荣感日夕"八字给人以规整庄重之感以外，此后三行由行渐草，行草夹杂，字与字之间多所勾连，运笔如飞，气韵贯通，风骨超然。整体感觉圆润流畅而不失劲健。及至末尾题款时，墨色已渐露干枯之象，"黻顿首"三字已笔若游丝且笔画明显减省，飞白之态宛然，自是情绪所致不欲蘸墨而故意为之。书末"天启亲"三字，与前数行明显不同，浓墨重笔，龙飞凤舞，杂有飞白，当是信札内容已明而书家意犹未尽，加之不合信札之格式惯例，且信纸亦有空白，于是饱蘸笔墨，纵情挥洒，一泄胸臆。米芾性格古怪，多有癫狂怪癖，此帖可为明证。

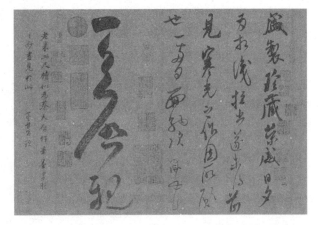

北宋米芾《盛制帖》

《寒光帖》，又名《向乱帖》，行草书，淡黄纸本。纵27.3厘米，横30.3厘米，据说为米芾四十一岁时作品，现藏北京故宫博物院。文曰："向乱道在陈十七处可取租及米，寒光旦夕以恶诗奉呈，花卉想已盛矣，修中计已到官，黻顿

北宋米芾《寒光帖》

首。"此帖与常见的米芾书法稍有不同，整体风格相对随意迅疾，以行草起笔，或行或草，用笔轻盈而不失力度，一改"笔笔中锋"的传统书法模式，巧妙地使用侧锋；转笔、连笔颇多，运思巧妙，字态欹侧，笔画勾连明显。"陈十七处"四字几乎一笔而成，此后的"可取租和米"则舒张自然；"寒光"一行运笔稍显迟滞，笔力有余而流畅不足；"呈花卉"一行渐露圆润遒劲之态。此帖通篇沉着开张，行间丝带连绵不断，似断非断，似连非连，墨色枯润相间，风姿天然，空灵有致，恰如行云流水，将书者的内心世界及娴熟技巧表现得淋漓尽致。帖后有董其昌题跋："老米此尺牍似为蔡天启作，笔墨字形之妙尽见于此。"董氏对米芾书法一向推崇，此跋更极力称誉此帖笔墨、字形之妙。米芾此帖并未题名，故历来对收信人颇多争论，董氏怀疑为蔡肇而作，不知何据，待考。关于此帖的流传，历来较少研究，据该帖上的"墨林秘玩""项墨林父秘籍之印""退密""项子京家珍藏""神品""子孙世昌"等诸多印鉴推测，此帖曾为明代大收藏家项元汴收藏。项元汴（1525—1590），字子京，号墨林子，又号香严居士、退密斋主人等，浙江嘉兴人。明代著名收藏家、鉴赏家。精于鉴赏，好收藏金石遗文、法书名画。其藏书楼号天籁阁，尤其喜好在古籍字画上钤盖印章，颇受时人讥讽。

北宋米芾《方圆庵记》（局部）

《方圆庵记》，方圆庵在浙江杭州龙井山，北宋高僧辩才隐居于此，前来问道话禅的贤达名流络绎不绝。元丰六年（1083）四月九日，杭州南山僧官守一法师前来拜会辩才，二人讲经说法，谈古论经，十分投机，大有一见如故之感。守一法师乃作

《龙井山方圆庵记》一文，以示纪念。值米芾宦游杭州，任观察推官一职。守一法师以此记索字米芾，米芾遂为书之。其书腴润秀逸，大有褚、王之风。此碑为米芾"集古字"时期的佳作之一，其字大多集王《圣教序》，是距离王羲之最近的作品，颇值玩味。此书虽与集王《圣教序》渊源颇深，但已渐露欹侧之态，如"四方风靡于是晦者明"等行尤其明显，当是米芾欹侧书风形成的初期。

《郡官帖》，米芾致不二禅师书札，不二禅师即守一法师，前文所及之《杭州龙井山方圆庵记》作者，云门宗第七代传人，住秀州（今浙江嘉兴）本觉寺，为杭州南山僧官。

米芾《摹王羲之〈大道帖〉》

元丰三年（1080），米芾自潭州长沙掾卸任后，宦游杭州，任杭州观察推官一职。时任杭州南山僧官的守一法师曾委托米芾书其《方圆庵记》，与米芾相交，常有书信往还，引为至交。文曰："黻启。前人回，郡官访及，方下船着公服，又欲即行，故草草数字，必不怪也。辄假小舟至郭送彦诚观师还寺，舟至即西，至幸如期，少顷至也。余到润留书复古次。百冗草草。黻顿首。不二禅师故人。"关于此帖的创作时间，学界多有争议，曹宝麟先生以为在元丰末年米芾任观察推官之时，亦有学者认为在元丰三年到元丰七年之间。笔者推测，或在元丰六年九月之后到元丰八年丁母忧之间，此帖书风介于拟古与自成一家之间，米芾书风之转变大约以元丰年间拜谒苏轼为界，此前遍临隋唐诸家，颇具功力，然尚缺乏个性色彩；此后则取法魏晋，专工二王，书艺大进且渐成一家。而米芾拜谒苏轼当在元丰五年（1082），即便米芾天资聪颖，用力颇勤，从拟古向自成一家转变，亦需要相对漫长的时间，此其一。其二，元丰六年（1083）至元丰八年（1085）丁母忧期间，米芾尚在杭州观察推官任上，政务闲暇，与守一法师的活动轨迹亦存在契合之处，期间曾赴润州（今江苏镇江），至北固山甘露寺，游山玩水，搜罗法书名画等，此帖或作于赴润州之时，行色甚为匆匆。观此帖，整体书写相对随意，显然是米芾写给故友之作，自然烂漫，整体和谐，虽第三、四行字与其余相比稍大，但丝毫不影响整体感观，用笔、结体已初露个性，气韵上相对中规中矩，写至结尾处，情绪渐趋饱满，末尾几字如神来之笔，与整篇颇为协调。

《雨寒帖》，米芾致彦诚书札，约书于元丰六年（1083）至元丰八年（1085）之间，当时米芾应仍在杭州观察推官任上。文中所谓"彦诚"即余信，生于1074年，卒于1134年，遂安（今浙江义乌）人氏。为人轻财好义，折节下士，曾捐资百万修建流庆陂，造福乡里。宋徽宗宣和初年，阶级矛盾激化，农民起义风起云涌，余信率乡民捍御，因功补官，后调任青州。据前引《郡官帖》，米芾与余信颇有私交。据二帖皆提及余信推测，或许书写时间相近。其文曰："黻顿首。雨寒安胜。不知在施水资圣，奉寻不见，快快！张公必相见，晚归可少□。黻顿首。彦诚□□观师同。"从内容可知，米芾前往拜访余信，而余信则在雪窦山资圣寺，寻访友人不遇，意甚快快，故写此信。从艺术成就上看，稍逊于《郡官帖》。二帖虽然字形差异不大，但此帖字迹潦草，书写漫不经心，字形大小不一，其中"见晚归"三字，中间的"晚"字与前后的"见""归"两字大小差异明显，此行行气断续，字与字之间既缺乏用笔上的一致性，亦缺乏气韵上的连贯性，或许与书家情绪低落不佳有关。

《相从帖》，为米芾致永仲书札，四幅竹纸上帖，书于宋哲宗元祐元年（1086），为米芾的得意之作，时年米芾三十七岁，丁母忧，居于丹徒。永仲即蒋长源，宜兴人，生卒年月不详，蒋堂之子，北宋著名书画家、收藏家，活动时间略晚于蒋之奇、苏轼，官至大夫、亳州刺史。此作着色山水，山顶似荆浩，松身似李成，叶取真松为之，如灵鼠尾，大有生意。为米芾之书画友。其文曰："黻叩头。相从之久，一旦远别，当持手潸涕，乃以大雨为解，甚之不厚，但与公彼此闲居于此，即知使令人平日犹惮，况雨泞出郭乎？公其爱重。与公俱壮，日勉于德，四方相会，犹前日也。欲作诗，又虑如百尊退回耳。家人而下并起居。尊嫂郎娘各各加爱。到官因信数字，不次。黻顿首。永仲德友。"米芾有诗《元祐己巳岁维扬后斋为亳州使君蒋公永仲写二首》，可知蒋长源于元祐四年（1089）任职亳州。此帖书风大致可分为三部分：第一部分从"黻叩头"到"又虑如百尊退回耳"，笔法精致，字形小巧，"集王字"风格明显，风流自在；第二部分从"家人而下并起居"到"永仲德友"，渐变为行草且草意渐浓，及至"永仲德友"时已全部使用草书，笔画勾连减省明显，末尾的"耳""友"更是一笔而成，心意所至笔亦随之，率性随意，挥洒自如；自"四幅竹纸上帖"开始至结尾，为第三部分，字形明显变小，与前文关联亦不紧密，字体亦由行草变为行楷，形式上看类似他人跋语，精读释文方知二者为一幅作品，书家为何选择这种形式，不得而知。

《知府帖》，又名《致知府大人尺牍》《邂逅长者帖》，为米芾致知府大夫书札，书于宋哲宗元祐二年（1087）。其文曰："黻顿首再拜。后进邂逅长者于此，数厕坐末，款闻议论，下情慰忻。属以登舟，即径出关，以避交游出饯，遂未遑祗造舟次。其为瞻慕，曷胜下情？谨附便奉启，不宣。黻顿首再拜。知府大夫丈棨下。"元祐二年，米芾丁母忧毕，遂自丹徒重返汴京，途经甬上（今安徽宿县）、南都（今河南商丘），至汴京，居于保康门内。是年六月，米芾与苏轼、苏辙、黄庭坚、蔡肇等人宴集于驸马

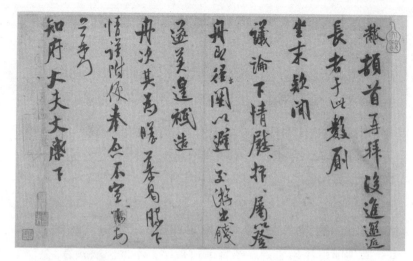

北宋米芾《知府帖》

都尉王诜之私邸西园，作《西园雅集序》。之后，米芾离
开京师汴京，南下淮扬，入扬州幕府。当时正值高太后垂
帘听政，有诏避其父高遵甫之讳，凡言及"甫"字皆避
讳，"府"字亦因犯嫌名而缺笔以避讳之，此帖即作于此
时。此帖书风、签名与《苕溪诗卷》颇为相似，或许二者
书写时间相去不远。然此帖虽为米芾早年作品，但其艺术
价值绝不亚于其后期作品。布局上，首字"黻"字形略
小，行末的"邋近"二字间距稍小，用笔基本相同，以片
状笔法为主，尺牍虽小，但字形饱满，末尾数行，中锋渐
多，下笔自然随意，挥洒自如，线条硬劲，笔触厚重，与
前数行差异明显，整体和谐隽美。宋人曹勋《松稳集》对
此帖大加赞赏，称"米襄阳此帖，尤是早年。若后此所
书，则英风义概，笔迹过六朝远甚。然前人用意多推奖，
若一颦笑、一言动可道者必誉之，足以激昂士风，皆归于
厚。"元钱逵题跋亦盛赞之，称"右米南宫长者、明公二
帖，刚健端庄之中，而有婀娜流丽之态。苏文忠公谓其超
迈入神，评语不虚。"

《珊瑚笔架图》，又名《珊瑚帖》，因《复官帖》附于
《珊瑚帖》之后，故又名《珊瑚复官二帖》。纸本墨笔，
《珊瑚帖》纵 26.6 厘米，横 47.1 厘米；《复官帖》纵
27.1 厘米，横 49.9 厘米。该帖书写于竹纸之上，颜色浅

黄。众所周知，古代造纸以植物纤维纸最为多见，质地亦比较细腻，此纸为竹纤维制成，竹纤维较多，书写不易且难以着墨，据说此帖是迄今发现最早的书写在竹纸上的作

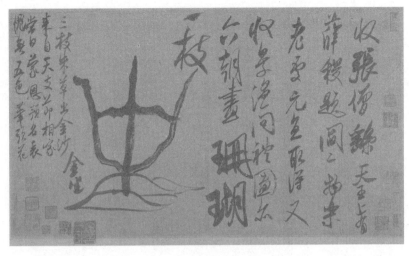

北宋米芾《珊瑚笔架图》

品，或许米芾就是在竹纸上书写的第一人。该帖释文为："收张僧繇天王，上有薛稷题。阎二物，乐老处元直取得。又收景温问礼图，亦六朝画。珊瑚一支（画珊瑚笔架一座，旁书'金坐'二字）。三枝朱草出金沙，来自天支节相家。当日蒙思预名表，愧无五色笔头花。"此帖为米芾晚年行书书迹，已臻神妙之境。相比较米芾中年以前的诸书作而言，此二帖字态更加奇异超迈，随意落笔而神韵自然，用笔丰肥豪健，看似不经意，而结构宽绰疏朗，真可谓随心所欲而不逾矩。元代书法评论家虞集称其"神气飞扬，筋骨雄毅，而晋魏法度自整然也"，施光远对其亦赞誉有加，称其"当为米书中铭心绝品，天下第一帖"。此帖作于北宋末年，宋室南渡以后，入南宋内府之中，此后流落民间。元代郭天锡、季宗元、施光远、肖季馨等先后收藏。至清代，又历经梁清标、王鸿绪、安岐、爱新觉罗·永瑆、裴伯谦等人之手，最后归于张伯驹。1956年，张伯驹将其捐献给文化部文物局，现存于故宫博物院。《墨缘汇观》《平生壮观》《云烟过眼录》《大观录》《壮陶阁书画录》等书皆有提及。

《论草书帖》，草书，又名《张颠帖》，纸本，随笔一则，约书于宋哲宗元祐二年（1087），纵24.7厘米，横37厘米，现藏于台北故宫博物院。其文曰："草书若不入晋

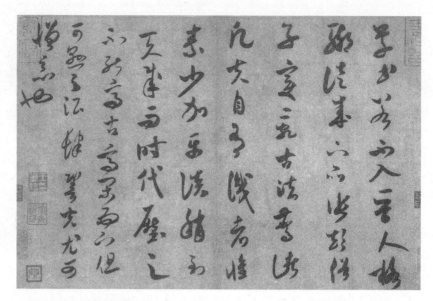

北宋米芾《论草书帖》

人格，辄徒成下品，张颠俗子，变乱古法，惊诸凡夫，自
有识者。怀素少加平淡，稍到天成，而时代压之，不能高
古。高闲而下，但可悬之酒肆。光尤可憎恶也。"此帖与
米芾行书的锋芒外露截然不同，整体流美秀逸，笔法轻盈
随意而暗蕴力度，墨色湿润，大有晋人风韵，笔画勾连较
少，为典型的章草风格。后四行笔法渐趋灵动，书写速度
渐趋快捷，勾连较多，渐露狂草意味，字体亦稍小，正是
书家情绪饱满之显现。米芾流传作品，以行书为最多，草
书作品相对较少，此可为代表作之一。其内容是米芾草书
思想的自然流露，在他看来，草书唯有晋人为高，魏晋以
后，草书渐失法度，沦为下品。唐代张旭号称"草圣"，
在米芾眼中亦只是变乱草法的罪魁祸首而已。怀素则因时
代所限，亦不能高古，无法与晋人相提并论。高闲之作仅
能悬挂于酒肆路旁，难登大雅之堂。米芾对唐代诸草书书
家的评论，一方面表达了他对晋人草法的高度推崇，另一
方面则透露出他的自负与狂妄。

　　《蜀素帖》，又称《拟古十帖》，墨迹绢本，行书，现
存于台北故宫博物院。纵29.7厘米，横284.3厘米。书于
宋哲宗元祐三年（1088），当时米芾三十八岁。该帖内容

为米芾自作各体诗歌八首，共计 71 行 658 字，署"黻"款，可见当时米芾尚未正式改名。蜀素产于四川，上织有乌丝栏，制作非常考究，相传为邵氏家族所藏，欲延请名家留下墨宝以传子孙后代，然丝绸不易着墨，且纹理粗糙，滞涩难书，非功力深厚者不敢问津。此绢素已传承祖孙三代，始终无人敢写。米芾乃当仁不让，奋笔疾书，方有此帖之千古流传。该帖虽书写于乌丝栏之内，但丝毫不影响全篇气势，率意放纵，用笔峻迈，笔势飞动，提按转折挑，曲尽变化。前面《拟古》二首尚稍显拘泥，《拟古诗》之后，渐露适应之态，笔法渐趋飞动洒脱，神采超逸。米芾用笔喜"八面出锋"，变化莫测。此帖用笔尤其多变，正侧藏露，长短粗细，大小匀称，体态万千，气势贯通，尤显"刷字"风格。结体俯仰斜正，以欹侧为主，极具动态之美。书家作书，尤讲究贯气，追求一气呵成的流畅与气势，但蜀素吸水性差，用墨稍有不慎即可能影响整幅作品的章法、气韵，一则墨饱易晕，墨乏无色，不仅有损感官享受，而且容易影响书家的创作情绪；二则蜀素质地粗糙，难以着墨，对书家的腕力及其掌控力要求甚高，书者不仅要全力以赴而且还要保证收放自如，才能保证用笔、用墨的精到别致，否则不仅浪费原料而且有损书家声誉。米芾深知其中利害而当仁不让，更显示出其非凡功力与超强自信。故董其昌跋之曰："此卷如狮子搏象，以全力赴之，当为生平合作。"因蜀素不易受墨之故，此帖枯笔甚多，然通篇墨色浓淡合宜，枯润相间，恰如渴骥奔泉，更觉精彩动人，堪称米芾书法的杰出代表。此帖流传有序，明代曾先后归于项元汴、董其昌、吴廷等著名收藏家，清代又历经高士奇、王鸿绪、傅恒之手，之后收入清内府，现存于台北故宫博物院。2002 年 10 月，台北首次举行乾隆皇帝文物年度大展时，展品琳琅满目，其中最引人注目的即是被乾隆皇帝称为"神品"的台北故宫珍品——王羲之《快雪时晴帖》和米芾《蜀素帖》两幅，是本次展览的限展珍品。王羲之号称"书圣"，其《快雪时晴帖》历经一千六百余年的岁月洗礼，在书法史上有着至高无上的地位，米芾的《蜀素帖》能与其相提并论，其珍贵不言而喻。

北宋米芾《蜀素帖》（局部）

《苕溪诗帖》，行书，澄心堂纸本墨迹卷，是米芾行书的重要代表作品，现存于故宫博物院。纵30.3厘米，横189.5厘米。全卷35行，共394字，从卷末题署的"元祐戊辰八月八日作"可知，该卷作于宋哲宗元祐三年（1088），米芾时年三十八岁。诗卷所书为米芾游览苕溪时所作之诗，共六首。卷前引首有"米南宫诗翰"五篆字。卷末有其子米友仁题跋："右呈诸友等诗，先臣芾真足迹，臣米友仁鉴定恭跋。"后有明李东阳题跋，开首有句"将之苕溪戏作呈诸友，襄阳漫仕黻"，可知米芾当时尚未使用"芾"字。此帖为米芾经意之作，用笔中锋直

下，浓纤兼出，落笔迅疾有力，气势纵横恣肆。运锋变化
丰富，正、侧、藏、露一丝不苟，点画波折过渡连贯，提
按起伏自然超逸，毫无雕琢之痕。结体舒畅，中宫微敛，
保持了重心的平衡。长画纵横舒展，极富抑扬起伏之变
化；短画简洁明快，毫无拖泥带水之姿态。通篇字体微向
左倾，欹侧之势明显，感观上却平稳和谐，于险劲中求平

北宋米芾《苕溪诗卷》

正。书风挥洒自如，痛快淋漓，变化有致，逸趣盎然，代
表了米芾中年书法的典型面貌。其笔法清健，结构潇丽，
有晋王献之笔意，书写风格最接近于《兰亭序》。此帖作
于宋哲宗元祐三年八月，当时米芾因疲于官场应酬，挂印
游历东南，至苕溪与诸友游玩山水，该诗多次提及谢灵
运、贺知章等归隐山水之前贤，透露出米芾对官场的厌倦
之情。所谓"无官一身轻"，抛却了往日宦游官场的无奈，
轻松舒畅之心情不经意间流露于笔端，挥洒自如，流畅非
凡，恰如清吴其贞《书画记》所云："运笔潇洒，结构舒
畅，盖效颜鲁公；书者，绝无雄心霸气，为米老超格，妙
书。"南宋时期，此帖曾入绍兴内府，其后流落民间，先

后入明杨士奇、陆水村、项元汴诸家。乾隆年间，入清宫内府，刻入《三希堂法帖》。

《殷令名头陀寺碑跋》，行书，作于宋哲宗元祐三年（1088）九月。其文曰："右唐殷令名头陀寺碑，齐王简栖所撰，录于《文选》。令名之子仲容，官礼部郎。据《法书要录》云：仲容奕世工书，精妙旷古。令名尝书济度寺额，后代程式。父，开山也，武德中为尚书，故阙山字。而李氏讳不及淳、旦、照、基、诵者，正在贞观、永徽间。跋尾书惟则者，集贤待制史惟则。小印溷字，即唐相晋国忠献韩公所宝书也。元祐戊辰，集贤林舍人招为茗（霅）之游，九月二日，道吴门以王维画古帝王，易于龙图阁待制俞献可字昌言之孙彦文。翌日，与丹徒葛藻字季忱，检阅审定。五日，吴江舣舟垂虹亭题。襄阳米黻秘玩真迹。"此帖线条优美，笔法精巧，秀丽清雅，极富节奏感，唐人法度宛然，给人以十分儒雅可爱的感觉，为米芾早期作品，尚未走出"集古字"的窠臼。按《蜀素帖》《苕溪诗帖》与《殷令名头陀寺碑跋》三作，皆作于元祐三年（1088），前后相差不过一月有余，书体风格却有较大差异，足见米芾之书直至此时尚未定型。

《吴江舟中诗卷》，行书，现存于美国梅多鲍利坦美术馆。全卷纵31.3厘米，横559.8厘米。原诗作者朱邦彦，凡44行，五言古诗，诗文主要描述吴江船工逆风拉纤的情景，备言船工之艰辛。此卷为米芾晚年力作，书风醋畅淋漓而清古从容，枯笔疏行，欹侧随意，是米芾大字行书中少有的珍品。此卷印鉴颇多，包括"晋府书画之印""石渠宝笈""宝笈三编""清河""顾洛阜"白文、"汉光阁"朱文，以及"嘉庆御览之宝"等多方印鉴，为后人了解其流传序列提供了宝贵的资料。"晋府书画之印"为明代晋藩收藏字画之印，"石渠宝笈"则是乾隆时期编纂的大型书画著录书籍的印鉴，"三希堂精鉴玺""嘉庆御览之宝"与"宜子孙"等则是嘉庆皇帝鉴藏联用之印，卷后的

"宣统鉴赏""无逸斋精鉴玺"等印鉴，则是宣统皇帝鉴藏联用之印，这是此卷先后入明代晋藩、清代乾隆、嘉庆、宣统内府的历史证据。其余诸如"顾洛阜"白文、"汉光阁"等印鉴则是美国收藏家顾洛阜收藏用印，这些则暗示了此帖自内府传出后流落国外的收藏轨迹。顾洛阜为美国收藏家，自 20 世纪 50 年代起开始收藏中国古代书

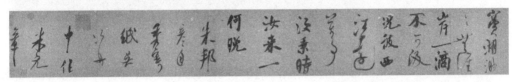

北宋米芾《吴江舟中诗卷》（局部）

画，因不懂中国文字，更谈不上书画鉴定，故委托日裔美籍古董商獭尾梅雄为经纪人全权处理收藏事务。米芾的《吴江舟中诗卷》即是由獭尾梅雄经手收藏的，据传曾为张大千大风堂藏品。并于 1962 年借纽约摩根图书馆举办首次藏品展览，出版展品图录，轰动一时。在顾氏近三十年的收藏生涯中，共收藏两百余件中国古代字画作品及少量当代中国画作品，如张大千作品。顾氏没有子女，因此，从 1981 年起，陆续以捐赠或"半卖半捐"形式将其所有藏品捐赠给纽约大都会博物馆，共计一百七十七件（组）书画展品。

《箧中帖》，行草书，又名《致景文隰公尺牍》《天机笔妙帖》，纵 28.4 厘米，横 39.5 厘米，现藏于台北故宫博物院。是米芾写给其朋友刘季孙（北宋知名鉴藏家）的信札。其文曰："芾箧中怀素帖如何？乃长安李氏之物。王起部、薛道祖一见便惊云：'自李归黄氏者也。'芾购于任道家，一年扬州送酒百余尊，其他不论。帖公亦尝见也。如许，即并驰上。研山明日归也。更乞一言。芾顿首再拜。景文隰公阁下。"刘季孙（1033—1092），北宋诗人，字景文，祥符（今河南开封）人，博通史传，好异书

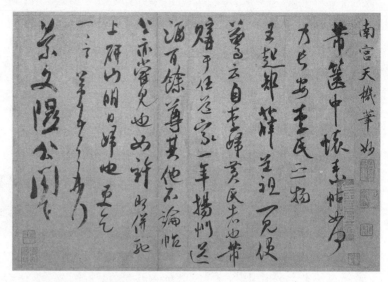

北宋米芾《箧中帖》

古文石刻，精于鉴赏收藏，交游广阔，与王安石、苏轼、米芾、张耒等文人雅士相知，苏轼称其为"慷慨奇士"。此信起因于米芾与刘季孙两人之间的一个协议，本来，米芾想用研山等收藏品换取刘季孙收藏的王献之《送梨帖》，刘季孙也想得到米芾的研山送给苏轼，但是王诜从米芾处借走研山后久不归还，无奈之下，米芾写信告知刘季孙，欲以怀素书帖交换王献之《送梨帖》，故有此尺牍。该帖约作于元祐六年（1091），米芾时年四十一岁，正当书艺之巅峰期。此帖运笔潇洒灵动，结体俯仰有致，行笔速度由缓后急，气势亦由平淡而雄强，末尾两行运笔急速使转，一气呵成，点画分明，抑扬顿挫，沉着痛快，令人叹服。末尾"芾顿首再拜"几字笔画勾连，几无断笔，很明显已至随心所欲之境，流畅非常。至"景文隰公阁下"诸字，一改此前的圆润流美之态，字势张扬雄强，恰与开头之"芾箧中怀素帖"诸字相呼应，虽字体大小不一，却能融为一体，通篇和谐美观，多有变化之姿。就墨色而言，全帖墨色之湿润浓淡，飞白穿插，极富生命力，温润处笔画多厚重，末尾几行露锋渐多，笔触相对随意，急速而错落有致，用笔豪放，为米芾诸书中较为少见之作，历来书家评价甚高。元代鲜于枢题曰："米元章天机笔妙。"清代吴其贞《书画记》则赞曰："书法皆飘逸，多得天趣，纸墨俱佳。"

《参政帖》，行书，纸本，现藏于上海博物馆。纵 30 厘米，横 12.2 厘米，凡 3 行，计 27 字，款署"芾记"。内容曰："苏太简参政家物，多著，邢公之后四代相印，或用翰林学士院印，芾记。"苏太简参政即苏易简（958—997），字太简，梓州铜山（今四川中江）人。宋太宗太平兴国五年（980）进士，历任将作监丞、翰林学士承旨、给事中等职，后官拜参知政事，以文章知名。酷爱科技，勤于笔耕，曾著《文房四谱》一书，集王羲之《笔经》、韦诞《笔墨方》与《冀公墨法》等名家著述于一体，是我国第一部比较系统论述笔、墨、纸、砚文房四宝的专著。苏易简嗜好收藏一事史书并无提及，或许与苏易简英年早逝，事迹罕少有关。米芾一生醉心收藏，对历代书画收藏典故烂熟于心。此帖记述米芾本人在苏易简家中所见的一件文物，其上钤有四代相印。此帖属米芾中期作品，书写慎重严谨，行楷笔法夹杂，用笔稍显迟重拘谨，个别笔画涩劲生硬，风格上稍欠圆润流畅，当书于中年以前。此帖经清代季振宜、安岐等人之手，曾入清宫内府之中，后归近代文物鉴藏家张珩收藏。清安岐《墨缘汇观》有著录。

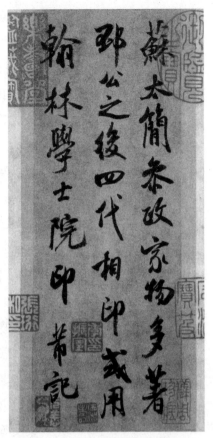

北宋米芾《参政帖》

《研（砚）山铭帖》，绢本手卷，大字行书，现存于故宫博物院，是米芾书法中的精品。纵 36 厘米，横 138 厘米，以南唐澄心堂纸写成，共 39 字。此帖沉郁雄劲，跌宕多姿，结字自由放达，不受前人法则制约，天趣自然，为米芾大字作品中的罕见珍品。该帖由米芾《研（砚）山铭》、手绘《研山图》与《米友仁题跋》三部分构成。第一部分即米芾《研山铭》，书于澄心堂纸上，该纸产于安徽黟、歙一带，有"肤卵如膜，坚洁如玉，细薄光润，冠于一时"之美誉，备受南唐后主李煜推崇，特筑澄心堂以储之，故此得名。其纸质细腻，韧性极佳。铭曰："五色水，浮昆仑。潭在定，出黑云。挂龙怪，烁点痕。极变化，阖道门。宝晋山前轩书。"第二部分为手绘《研山图》，篆书题款："宝晋斋研山图，不假雕饰，浑然天成。"研山是米芾最为钟爱的一块山形砚台，曾请苏轼题铭，苏轼本人亦颇为喜欢，前引《致景文隰公尺牍》即曾提及，刘季孙愿以王献之《送梨帖》与米芾交换研山，就是想将研山送给苏轼。其上"华盖峰""月岩""方坛""翠岚""玉笋""上洞口""下洞三折通上洞予尝神游于其间""龙池遇天欲雨则津润""滴水小许在池内经旬不竭"等字样，皆以隶书标明。第三部分为米友仁行书题跋："右研山铭，先臣米芾真迹，臣米友仁鉴定恭跋。"米芾之甥王庭筠题跋，在米芾《研山铭》与手绘研山图之间，跋曰："鸟迹雀形，字意极古，变态万状，笔底有神，黄华老人王庭筠。"王庭筠（1151—1202），金代著名文学家、书画家，文辞渊雅，字画精美，与党怀英、赵沨、赵秉文等俱以书法名世，亦颇精鉴裁。清代进士陈浩对米芾此帖评价甚高，称"研山铭为李后主旧物，米老平生好石，获此一奇而铭，以传之。宜其书迹之尤奇也，昔董思翁极崇仰米书，而微嫌其不淡，然米书之妙在得势，如天马行空，不可控勒，故独能雄视千古，正不必徒从淡求之。此卷则朴拙疏瘦，岂其得意时心手两忘，偶然而得之耶，使思翁见之，当别说矣。乾隆戊子十一月，昌平陈浩题"，认为此帖为米芾心手两忘之佳作。明代董其昌虽然推崇米书而微嫌其不淡，关键在于其未见此帖云云。乾隆年间进士周于礼对此帖亦评价甚高，称其"骄骄沉雄"，乃"米老本色"。此帖流传有序，仅从帖上二十多方官、私钤印即可知其概况。其中内府书印（三次）、宣和、双龙圆印，为此帖曾入北宋、南宋宫廷之明证。南宋理宗时，从内府流出，为右丞相贾似道收藏。元代时期，归于著名收藏家柯九思。至清雍正年间，为书画鉴赏家、四川成都知府于腾收藏。近代以后流落日本，诚为中国艺术品之一大损失。2002年3月，中贸圣佳国际拍卖有限公司征集于日本。此后，国家文物局组织专家依法对《研（砚）山铭帖》进行了鉴定、评估，于2002年12月6日由国家文物局出资2999万元收购回国，每字折合人民币76.9万元。其成交价创下中国艺术品拍卖新纪录，现藏于故宫博物院。综观此帖，书体纵横开张，俯仰有致，跌宕起伏，欹侧中不失稳健，雄劲而自然，有力透纸背之感，气势磅礴，极具动感，绝对堪称米芾大字行书中的佳作。

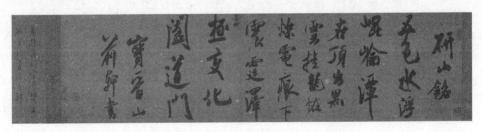

北宋米芾《研（砚）山铭帖》

《虹县诗卷》，行书，大字，纸本墨迹卷，共37行，每行二三字不等。现藏于日本东京国立博物馆。此卷是米芾自作《虹县诗》，当时米芾经蔡京举荐，受诏入京担任书学博士一职，风光无限，心情极佳，乘船经过虹县（今安徽泗县）时所作。诗中对沿岸自然风光大加赞赏，亦多及当时之喜悦心情。米芾传世作品中，大字书法较为少见，此为其中代表作之一。米芾曾于宋徽宗赵佶面前自称其书为"刷字"，这一点在他的大字中表现得比较明显。该帖轻重缓急运用自如，节奏感极强，用墨上干湿浓淡兼有，浑然一体，大得天成之趣。起首"虹县旧题云快霁一天清淑"十一字，很显然为一气呵成，墨色自浓而淡，渐趋干枯，然书者意犹未尽，飞白书意蕴十足，色彩层次丰富。及至"气健帆千里"处，蘸墨亦并不饱满，故诸字犹有飞白之姿，至"榆风满船"处，墨色渐淡以致有忽隐忽现之感。至"书画同明"之后，墨色又渐趋浓郁，笔力劲健，潇洒自然。及至《再题》诗，运笔节奏渐快，字距、行距明显缩小，诗歌内容亦由歌颂山水风光转向心理情绪的宣泄，呈现出明显的心态变化，受诏入京任职书学博士的愉悦及对蔡京知遇之恩的感激，自然流露于笔端，大有自得之意，用笔随意而不失法度，笔力雄健而不露锋芒，整体和谐流美，为米芾晚年之力作。帖后有金大定十三年（1173）刘仲游题跋。

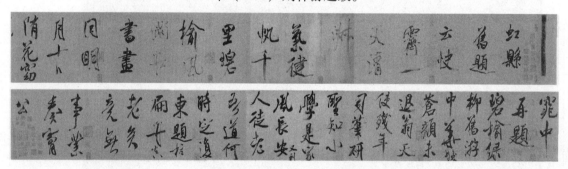

北宋米芾《虹县诗卷》

《昨日帖》，米芾致景微书札，景微即黄晞，福建建安人，自号聱隅子，专研《春秋》《周易》，在当时颇有盛名，学者多从之游学。著有《聱隅子歔欷琐微论》十卷。北宋景祐（1034—1037）年间，移居京师汴梁，欲以读遍天下之书。当时，石介主太学，曾派遣诸生，礼聘其入朝，因不欲入朝而藏匿于邻家。此后，因枢密使韩琦表荐为太学助教，致仕。曾与米芾交游，故米芾称其为道友。其文曰："芾启。昨日少款，甚幸。夕起居万福。善美中集未及见，欲望借至净名，数日观览，夜锁在厨（橱），必不失坠也，可否？谨具咨请，不宣。芾顿首。"此帖应为米芾改名后首书之作。净名，即净名斋，在润州北固山甘露寺中，米芾丁母忧居丹徒期间，至润州，曾在甘露寺附近修建海岳庵，内有两书斋，一曰净名，一曰宝晋，前者取自蒋之奇所赠诗句，后者乃米芾收藏晋唐法书名画及古玩异珍之所。有学者以为，蒋颖叔元祐四年（1089）三月为江淮浙等路发运使，访米芾于甘露寺之事当在其发运使任上，故此帖当书于元祐六年（1091）间。此时应为米芾弃唐入晋的转型期。观此帖风格，宛然有转型之貌。米芾虽极力求变，力求摆脱前代诸家之桎梏，然而米芾自幼习唐代诸家，至此已三十余年，多年积习，实难骤改，且此帖字体较小，姿态中颇有遗风，用笔圆润劲健而略胜王字，与昔日的《苕溪诗帖》《蜀素帖》《李太师帖》相比，欹侧之风渐强而流媚之态渐弱，或许在他人看来，其中的书风变化并不明显，然而对米芾而言，却已经在跳出"集古字"窠臼而走向自成一家的路上迈出了至关重要的一步。

《久别帖》，米芾致章惇书札。章惇（1035—1105），字子厚，建州浦城（今福建浦城）人。嘉祐十子之一，王安石变法的主要人物之一，北宋书法家、政治家。北宋黄伯思《东观余论》中称，近百年来，书法家中唯章惇能达笔意，虽精巧不如唐人而笔势过之，意境在初唐四家之褚遂良、薛稷之上，暮年神采类似王羲之。米芾与章惇颇有交游。帖文曰："芾启：早略一揖，未慰久别。承来浴，久候无好，故（点去）困惫归息，倾仰倾仰。来早愿同令兄见临一（饭），讫，同至山房，然后归，治行未晚也。切切，余面磬。草草。芾顿首。致平国士。"有学者根据此帖中"芾"字横长乃改名之初的写法，推测此帖的创作时间在元祐六年（1091）至元祐八年（1093）十二月章惇复官期间。元祐七年（1090）夏，米芾在雍丘县令任上，米、章二人相知，或许即在此时。此帖字形小巧精致，章法极为和谐，整体风格与《东坡〈木石图〉诗跋》有相似之处。末尾"致平国士"四字，一改此前小巧精致之形，明显变大，虽字形大小参差不齐，然字体一致，书风亦颇为和谐，无突兀之感。此帖萦带自然，诸如"来早"

"同至""然后"之间，勾连非常流畅，毫无滞涩之感，其余"略一""慰久""致平"等字之间，虽无连笔相接，然上字末笔与下字起笔遥相呼应，极尽笔断意连之妙，不经意而意宛然，恰是此帖的精妙绝伦之处。

《宠临帖》，为米芾致景仁书札。景仁，即关景仁，字子开，一字彦长，浙江钱塘（今浙江杭州）人，嘉祐四年（1059）进士，曾知钱塘令，即前述引荐米芾至杭州陆氏家中观张旭《草书四帖》之人，二人交游日久，过从甚密。其文曰："芾顿首启。昨日特承宠临，属王氏兄弟饭，遂阻于门迎。留以朝衔，谨先上纳，旦夕祗造，不宣。芾顿首再拜。景仁通判宣德兄。"王氏兄弟即王汉之、王涣之兄弟，延康殿太学士王介之子，与米芾友善，多有书信往还。按：元祐六年（1091），苏轼知杭州，有《谢关景仁送红梅栽二首》诗，据此推测，米芾此帖当作于关景仁钱塘令任上。有学者以为，从此帖的签名形式来看，其创作时间应在米芾改名之初的元祐七年（1092）七月以前。此帖书风与米芾中年以前的书作相比，明显持重老成许多，笔法上亦多所变化，转折笔法尤其精妙，特别是那种圆劲折笔，刚毅劲健而不失圆滑，绝无生硬死板之感。同样一个"第"字，《张季明帖》与《蜀素帖》就显得圆滑有余而力道不足，布白亦显得过于强烈，结体安排亦存在比例不均衡之处，书写的流畅性稍显逊色。此帖则无论用笔抑或结体都恰到好处，给人感觉舒朗开张，折笔不仅力道十足，而且布白恰当，令人叹为观止。这种折笔，以后逐渐成为米芾的专属用笔，也是米芾书法的独特之处。

《枉驾帖》，此帖为致许将之弟书札，其文曰："芾顿首再启。行日伏蒙尊造枉驾，水次不遑迎谒，内积悚恐悚恐！不审尊兄资政，何日到阙，欲拜状也。芾疏缪，正托德门，每赐诲督，使逃罪戾，至幸至幸。芾顿首再拜。""尊兄"即指许将。许将（1037—1111），字冲元，福州闽县人，宋仁宗嘉祐八年（1063）进士。后官拜翰林学士、龙图阁直学士，历任知成都府、翰林学士、尚书左丞、门下侍郎平章事、知河南府等职。米芾常以许将门生自许，此帖之书自然恭敬异常，且因心怀感激之情，情绪异常饱满，小字行楷精巧别致，点画完美行笔流畅，姿态宛然飞动，"政"字的捺笔略显太长，后继无力，末端下倾之势明显，稍损笔意，为此帖之小憾。

《竹前槐后诗帖》，又名《致希声吾英友尺牍并七言诗》《尺牍〈芾非才当剧〉》，即米芾致希声之书札，内容为一尺牍和一首七言诗。希声即黎錞，生卒年不详，北宋著名经学家。苏轼与黎錞交往甚厚，对其为人为政、诗赋文章赞叹不已，其《远景楼记》称黎錞"简而文，刚而仁明，正而不阿，久而民益信之"，其《寄黎眉州》诗亦曰："且待渊明赋归去，共将诗酒趁流年。"米芾与黎錞交往亦甚为深厚。其文曰："芾非才当剧，恨尺音敬缺然。比想庆侍，为道增胜。小诗因以

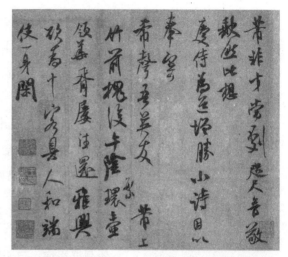

北宋米芾《竹前槐后诗帖》

奉寄。希声吾英友。芾上。竹前槐后午阴环（繁），壶领华胥屡往还。雅兴欲为十客具，人和端使一身闲。"按：米芾四十岁之前，多任低级官吏，元祐七年（1092），年过不惑的米芾知雍丘县，始掌百里之地，帖中所谓"芾非才当剧"之语及寄诗之举，正显示出米芾心中的喜悦之情。诗中所谓"十客具"之语，出自叶梦得《避暑录话》"常设十客之具于西湖"，"十"为虚指之语，意指客人众多，宴会规模大。有学者认为，米芾自四十一岁时改"黻"为"芾"之后，其签名形态大致可分为两种，一种是"芾"字横画较长，露锋较多，且与草字头末笔之间不甚萦带，书写之间有停顿间隔，结字平淡，稍显拘谨，笔法尚欠熟练；另一种则是"芾"字横画较短，与草字头末笔之间萦带明显，连笔居多，用笔精熟老到，极尽生动之

姿。此帖字态流美，线条飞动，用笔变化多姿，绝不重复，有些字笔触厚重而不失轻盈，体势欹侧，错落有致，整体书风跳跃腾挪，喜悦之情溢于笔端。

《珍醴帖》，米芾致希圣书札。其文曰："芾顿首再拜。右史舍人老兄阁下。蒙手翰，贶尚方珍醴，拜嘉增幸。来日当引九日拜临顾之辱，并叙谢意。谨奉启，不能罄所言。芾顿首再拜。希圣舍人亲家台坐。来日东华得一介相引乎？吏部至今不见人来耳。"乔执中，字希圣。据蔡肇《米芾墓志铭》记载，米芾有八女，"适乔襄文僖老、南康军教授段拂、丞奉郎吴激，余未嫁。"此帖中米芾称乔执中为"希圣舍人亲家"，可见米芾的长女嫁给了乔执中之子，故有此称。南宋李焘《续资治通鉴长编》，在哲宗元祐七年（1092）正月条下记载："己酉，右朝请郎、秘阁校理、徐王府翊善乔执中为起居舍人。"观此帖之风，字形圆润工整，作为米芾书法标志性特征的细挺笔触与欹侧姿势几乎痕迹全无，短点多写成短捺，与同期作品相比较，圆润有余而劲健不足，如"蒙""拜""家"等，整体笔触迟滞沉重，缺乏生气，全无活跃跳荡之生动气息，是否因为刻石人的加工所致，不得而知。

《岁丰帖》，米芾致范纯仁书札，范纯仁（1027—1101），字尧夫，吴县（今江苏苏州）人，范仲淹次子，皇祐元年（1049）进士。曾以胡瑗、孙复为师。米芾与范纯仁过从甚密，交谊甚厚。范公偁《过庭录》曾记载："忠宣（纯仁谥）旧藏一江都王（唐李绪）马，……时米元章作郎，每到相府求观，不与言，唯绕屋狂叫而已，不尽珍赏之意。"至相府求观画遭拒，遂绕屋狂叫，既符合米芾爱书画的痴癫性格，亦可见米、范二人交情之深厚。元祐八年（1093）秋，范纯仁代苏颂为右相，当时，米芾在雍丘令任上，遂书此帖以贺之。其文曰："芾顿首再启：弊邑幸岁丰无事，足以养拙苟禄，无足为者。然明公初当轴，当措生民于仁寿，县令承流宣化，惟日拭目倾听，徐与含灵共陶至化而已。芾顿首再启。"按米芾此帖，书风稍显拘谨，或许面对飞黄腾达的昔日故友颇有些不自信，帖中所云亦与上下级之间的职责问题相关，不得不有所顾虑，与昔日求观画遭拒绕屋狂叫之癫狂洒脱颇不可同日而语，表现在书法创作中，亦不免慎重拘谨，前三行部分笔画尤其显得僵硬，缺乏流畅自如之感，后四行拘谨之感稍稍缓和，然而字间距相对过大，行气不够饱满，运笔缺乏流畅，诚为憾事。

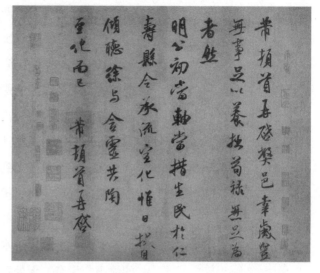

北宋米芾《岁丰帖》

　　《蒙教帖》，米芾致曹辅书札。曹辅，字子方，号静常，海陵人。历任勾当鄜延路经略司公事、提点广西刑狱、福建路转运判官、职方员外郎、司勋郎中等职，与苏轼、米芾颇有交谊，对元祐党人颇多照拂。苏轼贬谪惠州期间，二人多有书信往还。后苏轼复官，曹辅亦因之飞黄腾达。元祐八年（1093年），章惇拜相，新党得势，大肆迫害元祐党人，苏轼、曹辅等人皆不得幸免。其文曰："芾顿首顿首。介至，蒙教，审起居康胜。鲁公乞米，李公（按指李光弼）必气（同忾），类况曹子方不祈而送乎？俟面谢。附使不具。芾顿首顿首。司勋老兄阁下。"此帖的创作时间当在米芾知雍丘县任上，米芾当时因生活贫困而颇得曹辅接济，故将自己比作乞米的颜真卿，而将曹辅比作雪中送炭的李光弼，一方面自嘲无生财之道的"拙于生事"，另一方面也表达自己"贫贱不能淫"的大丈夫气概。此帖的创作略早于《监斗帖》，创作情绪饱满，起首两行字形稍大，书写流畅，及至末尾四字，已是长长的字符串，笔画勾连自然，一气呵成，大有余韵绕梁之感。笔画以厚重为主，偶尔穿插硬挺瘦劲的细线，挺拔劲峭之感十足，唯起首两行相对刻意，稍显不足。

《吏民帖》，米芾致曹辅书札。此帖书于雍丘，绍圣元年（1094），米芾在雍丘令任上。雍丘一带大旱，此后又遭蝗灾，朝廷派遣的赈灾官员不调查实际情况，却因雍丘县未能缴纳夏税而一再催租，即如米芾诗中所说的"一司日日下赈济，一司旦旦催租税"，百姓为旱灾蝗灾所困，衣食无着，不仅得不到朝廷的赈灾粮款，反而还要面临缴纳夏税的沉重经济负担，爱民心切的米芾与监司抗辩于朝廷。最终虽获胜，但却对朝廷极度失望，此时的米芾人微言轻，既不能救民于水火，又无力对抗上司于朝廷，心中的愤懑与无奈，无处宣泄，只能借由诗文书作来排解。最终，他毅然决然地选择离任，并上书朝廷请任一个监中岳庙的闲职，借以远离是非之地，亦借以抚慰自己受伤的心灵，此帖即作于此种情形之下。文曰："（前缺）讫力不能使直，愧见吏民耳！去都一舍尚尔，况幅员万里之远乎？嗟乎痛哉！咫尺无相会期，惟祝珍厚不宣。芾顿首。子方司勋尊兄贤公。"很显然，这是米芾在求得监中岳庙闲职之后写信给至交曹辅的一封信，心中不仅表达了自己不能救民于水火之中的无奈，也流露出即将离开京师远离至交好友的遗憾，受此情绪影响，此帖用笔与《蒙教帖》《宠临帖》等诸帖明显不同，用笔提按顿挫，跌宕起伏，饱含力度，正是书家胸中愤懑心情的宣泄，心情的剧烈波动导致了字体运动幅度较大，即使小字力度亦非常明显，整体书风充满跳动性与表现力，与心情愉悦时的平稳含蓄、飘逸流美迥乎不同，是米芾尺牍书札作品中之上上佳品。

《留简帖》，此帖为尺牍三札之一，尺牍三札即《逃暑帖》《弊居帖》《留简帖》，是米芾尺牍书札的代表作品。此帖创作时间当在绍圣元年（1094 年）。其文曰："芾顿首再拜。前留简而去，不得一见，于今怏怏。辱教，知行李已及。偶以林宪巡历，既以回避，遂谒告家居，或渠未至，急走舟次也。粮如命。他干一一示下。对客草草。芾

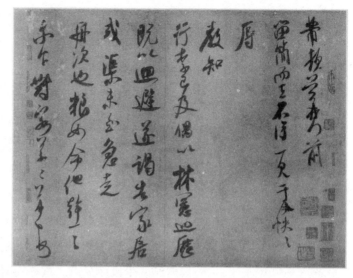

顿首。"关于文中之"林宪",学界多有争论,有学者以为当是任某路提点刑狱的林姓官员,亦有学者以为即是乾道年间中特科且监中岳庙的南宋林宪。此帖字体介于行、草之间,书写流畅迅疾,自首行起便多有勾连,二三字以上的连笔现象甚为见,线条圆润宛转,墨色浓淡枯湿运用自如,疏密

北宋米芾《留简帖》

黑白对比明显,分行、布白匀称,末尾两行笔画勾连尤为突出,收放自如,通篇捺笔的写法多有变化,诸如"今""及""巡""避""走"等字,或提或按或顿或挫,异彩多姿,却和谐地统一于此帖之中,整体率意自然,流畅痛快,大有"违而不犯,和而不同"之美。

《监斗帖》,米芾致曹辅书札,其文曰:"芾顿首再拜。监斗一月才罢,纳后行事竟,又差入庙。出之两日,得痢疾,伏枕一月,无聊。盗两入室,寒夏一空。冬至无衣,深可笑也。以此卒卒阻修敬,门字怀企实深。中间亦一到门,无刺,阍者及之否?并俟稍凉参候,才可入舟,及占冤□。他日乘凉为胜游,佳句去矣。且奉启布一一。芾顿首顿首。子方司勋老兄阁下。"由帖中"监斗""纳后""差入庙"等语可知,此帖当作于离任雍丘之后而未至监中岳庙之前,时间约在绍圣元年(1094)盛夏之间。此时正当米芾自请监中岳庙之前,加之卧病月余,又连遭盗窃,贫病交加,至有冬至无衣之弊,心情不佳。然与前引《留简帖》相比,此帖用笔相对沉稳,或许经历了颇多艰难之后反而心情渐趋平和也未可知,运笔流畅迅疾,力道十足,字势欹侧跌宕,个别字如"深""可""笑"等甚至呈反向倾倒,稍损笔意,用笔颇类《吏民帖》而提按顿

挫感相对较弱。

《拜中岳命作》，纸本，行书，纵29.3厘米，横101.8厘米。元祐七年（1092）七月至绍圣元年（1094）初，米芾知雍丘县，因雍丘县连遭大旱、蝗灾，朝中派遣的赈济官员不但不酌情拨发赈济粮款，反而加紧催缴夏租，米芾因此与之发生冲突并向朝廷抗辩，虽抗辩获胜，但一心为民的米芾却因此而心灰意冷，向朝廷求得监中岳庙的闲职，到嵩山中岳庙（今河南登封）担任庙监。米芾《催租诗》曾详细记载此事始末。愤懑之余，米芾在所作《拜中岳命作》中引用典故以宣泄心中不满。其文曰："云水心常结，尘风面久卢。重寻钓鳌客，初入选仙图。鼠雀真官耗，龙蛇与众俱。却怀闲禄厚，不敢著潜夫。常贫须漫仕，闲禄是身荣。不托先生第，终成俗吏名。重緘议法口，静洗看山睛。夷惠中何有，图书老此生。"监中岳庙之职实属闲差，故三年（1094—1096）任期之中，往往多居润州，游历江南，无政务之烦扰，无琐事之忧心，游山玩水，寻访法帖名画，生活极为惬意。此帖以浓墨起笔，笔触滞涩欠流畅，前诗笔画全无勾连，很显然书家心中尚有郁积之气未完全排解，以致首行"风尘"二字顺序颠

北宋米芾《拜中岳命作》

倒，第三行开始，运笔渐显流畅，力度感逐渐强化，墨色亦由浓渐淡，浓淡相间，"常贫须漫仕"之后，墨色又浓，字间距明显缩小，笔触厚重，力道渐强，"成"字末笔斜钩极长，此后笔触变细，风格与前书迥异。是中途罢笔，还是有意为之，不得而知。

《春和帖》，又名《沂水帖》，米芾致知府大夫书札。其文曰："芾顿首再拜。春和，政事之暇，起居何如？芾幸安。春入沂水，想多临览之乐。只尺何时从公游？临风引向。谨专人奉状，不宣。芾顿首再拜。知府大人麾下。"按：宣仁高太后垂帘听政期间，有诏避其父高遵甫之讳，"府"字亦因同音而缺笔以避之，绍圣元年（1094）二月，诏罢避高遵甫之讳。此帖"府"字不缺笔，故其创作时间应在绍圣元年二月以后某时。绍圣元年，米芾从雍丘令任上辞职，得监中岳庙之闲职，此后多所游历，或许此帖之作就在监中岳庙任上游历途中。从此帖用语推测，米芾与此知府大夫关系颇为亲近，必为至交好友。书风流畅自然，用笔迅

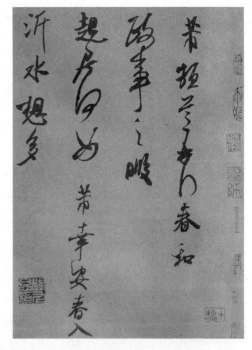

北宋米芾《春和贴》局部

捷有力，起首"芾"字长横稍短且弯曲，与前引诸帖颇异。"顿首再拜"四字即露行草之貌，笔画勾连甚多，"拜"字甚至一笔完成，颇有运笔如飞之感。无论是线条，抑或是运笔节奏，均已渐露自成一家之相，线条朴素浑厚，中锋、侧锋并用，转换自如，潇洒飘逸，颇具神韵。字形上，左欹右侧，跌宕起伏，第三行的"芾幸安""春入"诸字整体向左下方欹侧，此后数行亦颇受影响，直至末尾"知府大人麾下"才完全居中，很显然是书写过程心情愉悦而一气呵成，无暇顾及章法上的微微倾斜，亦无损通篇章法布局的和谐流美。此帖整体流畅溢美，韵味十足，为米芾中年佳作之一。

《方回帖》，米芾致贺铸书札，方回即贺铸。贺铸（1052—1125），字方回，卫州人，孝惠皇后族孙。宋徽宗即位之初，贺铸改泗州通判前亦曾奉祀监北岳庙，官务闲暇，浪迹吴中，是时当在润州，故此帖当作于绍圣元年、二年之交。其文曰："芾顿首。终日对客，无可暇适。移疾家居，庶可与公少款也。夜过不争清话，来早具蔬食

以迎。遣介授所可进者，草草。芾顿首。方回吾友人英。"帖首签名与《拜中岳命作》几乎完全相同，估计在创作时间上相去不远。从字形上看，较接近《监斗帖》，起首两行及末行字形较大，中间则相对较小；布局与《箧中帖》颇为相似。就书风而言，此帖相对圆润而略杂方笔，前后笔触厚重，中间则夹以轻巧使转，圆中有方，方中有圆，颇具力度。

《逃暑帖》，尺牍三札之一，为米芾致京城某权贵书札，有学者认为收信人也许是蔡京或章惇，原因是蔡、章二人与米芾交谊甚厚，且均为朝中权臣。其文曰："芾顿首再启。芾逃暑□山，幸兹安适。人生幻法中，□□为虐而热而恼。谚以贵□所同者热耳。讶挚在清□之中，南山

北宋米芾《逃暑帖》

之阴。经暑衾□一热恼中而获逃此，非幸□□。秋可去此，遂吐车茵。芾顿首再启。"自绍圣元年（1094）米芾因催租事件辞去雍丘令之职以后自请监中岳庙，度过了三年优哉游哉的闲适生活，期间游山玩水，收藏字画，颇为惬意。此帖主要表达米芾摆脱政务琐事烦扰的愉悦心情。虽然此帖颇有漫漶，部分字迹无法辨识，然无损文意，大意是米芾因酷热避暑山中，过着闲淡安适的生活。

有学者以为，此帖收信人或为蔡京，原因是米、蔡二人的交情比米、章之交情更深，笔者亦倾向于此说。此帖笔触饱满，行书端整可爱，用笔、结体皆有古拙浑厚之韵，收放自如且多杂逆锋，整体感觉深沉含蓄，朴实峻茂，与中年以前所作之《蜀素帖》《苕溪诗帖》等相比，呈现出明显的老辣绝俗意味。大有晋人风度，为米芾中年以后之佳作，书风渐趋成熟。

《乐兄帖》，为米芾致乐兄书札，此帖创作时间约在绍圣三年（1096）。乐兄者，不知何许人，当为米芾的同僚好友，二人交谊颇厚，否则何以称为"故旧"？其文曰："芾顿首启。乃者忝命畿邑，蔽于法守，与监司辨事于朝廷。方时清明，大理监司，伏辜。于是请解以疾，尚蒙优恩，坐尸廪赐，少遂江湖之心。方图再任，而近制厘革，念非久复。仆仆走黄尘，未能高卧，此为恨也。蒙故旧不遗，枉书感愧感愧。监□□中岳祠米芾顿首上，乐兄同官阁下。"昔日雍丘任上与监司抗辩之事，在米芾看来，早已成为过眼云烟，谈及此事亦能心平气和。然据"方图再任，而近制厘革，念非久复"语，似乎此时的米芾已走出催租事件的阴影，有再度出仕之意。所谓"近制厘革"，乃指宣仁高太后驾崩后"元祐更化"结束之政局变迁。元祐八年（1093）十月，宋哲宗亲政，"新党"章惇、吕惠卿等人

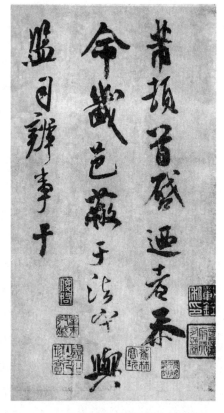

北宋米芾《乐兄帖》（局部）

渐次擢拔，乃用李清臣、邓润甫之议"绍述"新政。自绍圣元年（1094）三月起，元祐党人先后遭贬出京。米芾虽甚少参与党争，与新派章惇、旧派吕大防、苏轼等人亦多有交谊，但其因母亲阎氏曾为宣仁高太后乳母而出仕，且以吕大防、许将等人提携而得知雍丘令，亦不可能不受丝毫牵连。此帖书风遒劲挺拔，昔日欹侧弩张之势渐弱，有浑然天成之趣，用笔、结体、章法皆已趋圆熟极致之境，笔力十足，有力透纸背之感。墨色浓淡干湿运用得体，末尾三行略带枯笔，飞白之态宛然，有摧枯拉朽之势。起首至"此为恨也蒙"处，笔画圆润丰腴，悠闲自适；此后笔势纵横，字间距、行间距稍有差异，然行笔流畅，一气呵成，自然率真。后世如明代胡俨、董其昌等人多所称誉，以为行书之变由米芾而始，可自成一家，而黄庭坚所谓的

米芾行书为"仲由未见孔子时气象"之评有失公允。

《伯充帖》，又名《伯充台座帖》《致伯充尺牍》《宋米海岳伯老帖》《伯老台坐帖》《眼目帖》等，为米芾致伯充书札。伯充，即赵叔盎，北宋宗室。善画马，曾投诗苏轼，苏轼有《和叔盎画马次韵诗》，黄庭坚亦有《同子瞻韵和赵伯充团练诗》《又戏答赵伯充劝莫学书及为席子泽解嘲诗》等诗。米芾尝从苏轼游，与赵叔盎亦有交谊。其文曰："十一月廿吾（五日），芾顿首启。辱教，天下第一者，恐失了眼目，但怵以相知，难却尔。区区思仰不尽言。同官行，奉数字，草草。芾顿首。伯充台坐。"此帖的创作时间为绍圣四年（1097）十一月二十五日，其时米芾四十七岁，在涟水军使任上。米芾以行书见称，其草书创作相对较少，主要可分为早期与晚期两个阶段。早期约在元祐初年见李太师藏帖之后，晚期则在绍圣末年于涟水军使任上，特征为笔意尖薄，此帖即是如此。此帖运笔流畅随意，虽字画间或连或断，而气韵一以贯之，笔断而意连，字势飞动，风神高迈，大有晋人风范。与其他书作相比，字画勾连较多，往往回环转折一笔带过，个别地方笔意轻盈如蜻蜓点水，辨识度稍低，草书韵味十足。相较中年时期创作的《蜀素帖》，明显要精练老到得多。起首、结尾处的字形稍大，既有警示意味，又不乏前后呼应之意，整体感觉十分和谐。然露锋、游丝线过多，诚为小憾。

《捕蝗帖》，米芾致楚州长官书札。其文曰："芾顿首再拜。承清问，属邑捕蝗海浦，方暑，恭惟劳神。弊邑上赖德芘（庇），幸无蝗生，而雨沾足，必遂小丰。闻海境去弊境百里已（以）上，曾有些小，今已静尽，亦恐

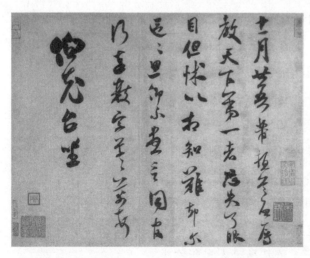

北宋米芾《伯充帖》

民讹，不足信也。近有《秋祭文》，上呈，可发笑。鲁君素谤芾者与薛至亲，一体加毁。幸天恩旷荡，尽赖恩芘及此，愧惕愧惕。芾皇（惶）恐。"此帖书于元符元年（1098）六月，当时米芾在涟水军使任上。因楚州遭遇蝗灾，故有此札。此帖用

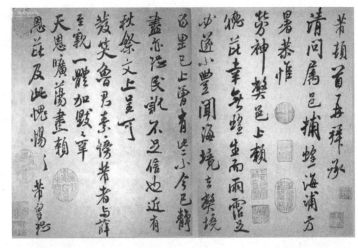

北宋米芾《捕蝗帖》

笔变化颇多，提、按、顿、挫各有不同，或细如发丝，或斩钉截铁，或如钗折股，或如锥画沙；结体因势生形，欹正相生，熟而不俗，险而不怪，生动活泼；运笔流畅，意态饱满，清代王时敏题跋曰："《捕蝗帖》向为名家叹赏，余今得见真迹，遒劲奔轶，真是平生得意笔，信可宝也。"

《中伏帖》，米芾致薛绍彭书札。薛绍彭，字道祖，号翠薇居士，长安人，生卒年月不详，北宋书法家、鉴赏家，为米芾知音好友。其文曰："中伏，芾皇（惶）恐。入伏日有雨，凄然如秋。山斋林斋皆虚旷，苍石流水，足度暇日。每怀同好，无与共笔研间者，临风悒悒。芾皇（惶）恐。道祖人英。"早在任浛洸尉、临桂尉时，米芾即与薛绍彭、刘泾等人书信往还，交游甚多。及至涟水军使任上，或讨论书画创作，或切磋收藏鉴赏，书信来往更密。元符元年（1098），涟水地处淮南，气候湿润，入秋仍多雨，至有"三日未解"之患。此帖即作于久雨不晴之后，书家百无聊赖，颇怀念与友人相聚研讨书画的时日，为薛、米友情深厚之历史见证。此帖笔意楷书味道更浓，书风较接近《蜀素帖》《苕溪帖》，连笔处稍显生硬。

《焚香帖》，又名《海岱帖》，此帖作于米芾涟水军使任上，因信中有"焚香"二字，故名。其文曰："雨三日

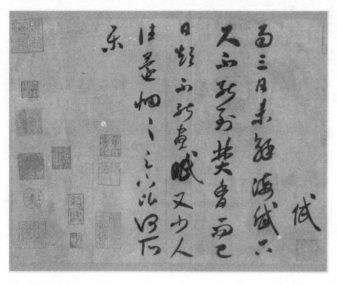

北宋米芾《焚香帖》

未解，海岱只尺不能到，焚香而已。日短不能昼眠，又少人往还，惘惘！足下比何所乐。"此帖与前引《中伏帖》创作时间相去不远，背景亦颇为相似，或稍晚于《中秋登海岱楼作》，时间约在元符元年（1098）。此帖起首"雨三日"三字颇有晋人气度，当是米芾多临晋帖之结果。笔意近章草，字字独立，圆润有余而力度不足，"往还惘惘"行与上一行间距稍小，无落款，无收信人名字。

《草书四帖》，即《元日帖》《吾友帖》《中秋登海岱楼作》《焚香帖》四帖。原有九帖，藏于宋高宗临安内府之中，上有米芾之子米友仁题跋。明嘉靖十六年（1537）至三十九年（1560），文徵明父子摹刻《停云馆法帖十二卷》，《草书九帖》入选。九帖包括《德忱帖》《家计帖》《元日帖》《吾友帖》《草书帖》《中秋诗帖》《目穷帖》《奉议帖》《海岱帖》。清康熙年间吴升著《大观录》，尚录九帖之名，及至乾隆年间安岐著《墨缘汇观录》时，则仅称四帖册，似乎乾隆时期《草书九帖》已经不够完整。其中，《中秋登海岱楼作》由《中秋诗帖》与《目穷帖》组成，因此，《草书四帖》实际上是五帖。清代初年书画商为牟取重利，将《草书九帖》拆分变卖，以致佚失，诚为憾事。此四帖刻入三希堂法帖，此后，《德忱帖》《草圣帖》亦入清内府，故《草书九帖》有七幅保存于清廷内府，亦属万幸。

《元日帖》，此帖无收信人姓名，不知为何人所作，或元符元年、二年间米芾涟水军使任上。其文曰："元日明窗焚香，西北向吾友，其永怀可知。展《文皇大令》阅，不及他书。临写数本不成，信真者在前，气焰慑（摄）人也。有暇作谱，发一笑于事外。新岁勿招口业，佳。别有何得？泗戎东下未？已有书至彼，俟之。"《文皇大令》即唐太宗《唐文皇手诏》，颇得米

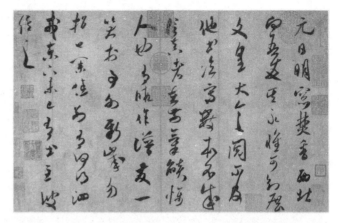

北宋米芾《元日帖》

芾之喜爱。米芾把玩既久，遂思临摹，结果临写多次而不成，遂感叹该帖之真迹高超气焰摄人。此帖笔意丰富，变化极多，方圆相济，枯润互补。貌似随意挥洒放荡不羁，实质则结体自由暗蕴法度，书风天然率真，枯而不干、奇而不俗、美而不媚、柔而不弱，为米芾书作之代表佳作。后世多有赞叹之语，明代李之仪称其回旋曲折，气韵高古；都穆则称其为米芾平生得意之作，堪入晋人之室，赞誉之情溢于言表；张丑《清河书画舫》亦赞之曰："笔法与海岳诸帖小异，有天真烂漫之趣。"朱仁夫则以此帖和《论书帖》为米芾代表作，有古雅脱俗意趣天成之妙。

《吾友帖》，疑为米芾致薛绍彭或刘泾书札。其文曰："吾友何不易草体？想便到古人也。盖其体已近古，但少为蔡君谟脚手尔！余无可道也，以稍用意。若得大年《千文》，必能顿长，爱其有偏倒之势，出二王外也。又无索靖真迹，看其下笔处。《月仪》不能佳，恐他人为之，只唐人尔，无晋人古气。"文中所谓"大年"，即北宋宗室赵令穰，其游心翰

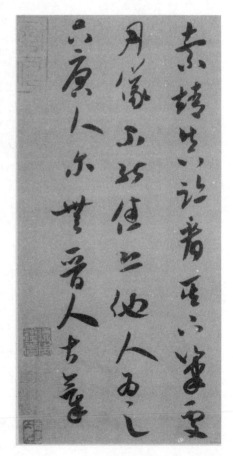

北宋米芾《吾友帖》局部

墨，尤工草书。米芾自元丰五年（1082）于黄州拜谒苏轼之后，乃从苏轼之建议弃唐入晋，此后乃祖述二王，其目标即超越传统王字而追求晋人纯古风韵。涟水军使任上，米芾对古书画兴趣日增，收藏亦日富。刘泾、薛绍彭亦志在收藏，每以巨资收购书画，一有收获，即驰函相报，或互为品鉴，或诗文唱和，引为知音，世称"米薛刘"。此帖与《元日帖》《德忱帖》诸帖书风颇为相近，或创作时间距离不远。

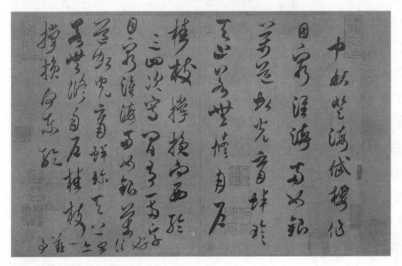

北宋米芾《中秋登海岱楼作》

《中秋登海岱楼作》，又名《中秋诗帖》，纸本，草书，纵 25.2 厘米，横 36 厘米，现藏于日本大阪市立美术馆。诗曰："目穷淮海两如银，万道虹光育蚌珍。天上若无修月户，桂枝撑损向西轮。"海岱楼在今江苏涟水，是当地著名的风景名胜，也是米芾涟水军使任上最常光临的地方。故其创作时间在涟水军使任上无疑。米芾曾先后两次抄写此诗于此帖上，中间加入米芾自作批注一行曰："三四次写，间有一两字好，信书亦一难事。"此帖运笔流畅轻盈，如行云流水，用笔、结体大有晋人韵味，为米芾《草书四帖》之一。

《葛德忱帖》，又名《道味帖》《致葛君德忱阁下尺牍》《五月四日帖》等，为米芾致葛德忱书札。葛德忱者，或即葛蕴、葛藻之长兄葛繁，号鹤林居士，丹徒人。历官临颍主簿、镇江守等职。此帖作于米芾解涟水军使任前一月，时间在元符二年（1099）五月四日。文中"林君"当指林希。林希元符元年（1098）四月罢枢密，出守亳州，九月换守杭州，或于此时访米芾于涟水。其文曰："五月四日，芾启：蒙书为尉（通慰），审道味清适。涟，陋邦也，林君必能言之。他至此见，未有所止，蹄涔不能容吞舟。闽氏泛海，客游甚众，求门馆者常十辈，寺院下满，林亦在寺也。莱去海出陆有十程，已赀书应求，倘能具事，力至海乃可，此一舟至海三日尔。海鳇云自山东来，在弊邑境未过来尔。御寇所居，国不足，岂贤者欲去之兆乎？呵呵！甘贫乐淡，乃士常事，一动未可知，宜审决去就也。便中奉状。芾顿首。葛君德忱阁下。"米芾任职涟水军使任上，涟水连年遭灾，先旱后涝，田亩被淹，积潦难除，百姓苦不堪言，米芾亦深为忧虑。此帖为米芾晚年成熟书风的代表作之一，气韵流畅，下笔如飞，妙趣横生。初观之下，似乎放浪形骸，难入法眼；及至赏玩既久，乃得其妙趣，字形随章法气势而生，用笔疏放而法度自在，笔法圆转含蓄韵藉，大有篆籀之气，笔随意动，气定神闲，节奏感极强，魏晋风韵宛然在焉。

北宋米芾《葛德忱帖》

近人沈培芳将米芾传世书作分为小字与跋尾书、大字作品、临古作品与书札四类。其中，小字与跋尾书是米芾自视甚高之作，代表作如《王略帖》赞、褚摹《兰亭序》跋、《向太后挽词》等，其笔致精到，字字珠玉，结体相对平正，大概出于心态平和之时。大字作品如《虹县诗卷》《多景楼诗》等，气势恢宏，笔力扛鼎，墨色丰富，沉着痛快，是最能体现米芾"刷字"风格的作品，落笔重，速度快，笔势涩，借助笔与纸之间的摩擦力以表现其蓬勃生气和胆魂。临古作品往往凝神静气，追求形神兼备，据说传世的王献之《东山帖》《中秋帖》与陆柬之《五言兰亭诗》等，即出自米芾之手。米芾临古功底颇为深厚，可谓惟妙惟肖，往往能以假乱真，形神兼备的背后，却隐含着米芾书法特有的英俊剽悍与跌宕习气。书札类作品是米芾作品中笔致最为率意放纵的代表，其结体欹侧险劲，转折处多机巧锋芒，字体大小欹正悬殊最大，是米芾风格的典型代表。

第六章　米芾述评

米芾一生，对前代、当代书家多有述评，在他眼中，除"二王"可为书法巅峰无法超越以外，其余诸名家皆有不足之处，其狂妄自得之处多见于其《书史》《海岳名言》《宝章待访录》，以及其诸多诗文之中。那么，在当时乃至后世书论家眼中，米芾的形象到底如何？其书法又如何呢？

事实上，历代书家对米芾的评价，有盛赞者，有诋毁者，亦不乏毁誉参半者，所谓各抒己见者也。其中盛赞者，有苏轼领军在前，赵构、蔡绦、朱熹、董其昌、康熙帝、孙承泽、王文治等追随其后；诋毁者，则如梁巘、包世臣等；毁誉参半者，如郑杓、项穆、吴德旋、朱和羹、刘熙载、钱泳、杨守敬、康有为、冯武、吴宽等。至于书论著作者，则多溢美之词，如《宣和书谱》《翰墨志》《宋史·文苑传》《铁围山丛谈》等，不胜枚举。

苏轼擅长诗、词、文、书，为有宋一代之全才，其书法位居"宋四家"之首，引领宋代书坛风气，对米芾之书亦颇多盛赞，诸如"米书超逸入神""海岳平生篆、隶、真、行、草书，风樯阵马。沉着痛快，当与钟王并行。非但不愧而已"等至高评价，均出自苏轼之口。苏轼年长米芾十五岁，与米芾有师长之谊，而称其书可与钟繇、王羲之并行而无不愧，其赞赏之意甚明。宋徽宗建中靖国元年（1101），苏轼自岭南归，常与米芾等人共游润州金山，时有请苏轼题名者，苏轼乃以"有元章在"推辞，足见其对米芾之书颇为推崇。米芾颇为自谦，称有苏轼在而不敢为之，苏轼则赞米芾青出于蓝。以苏轼当时在文坛、书坛的至高地位，尚且称赞米芾青出于蓝而胜于蓝，米芾在北

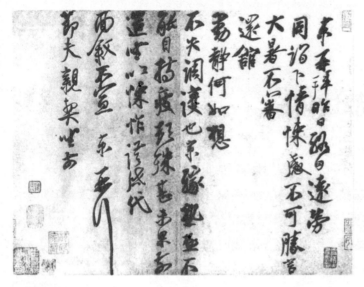

北宋蔡京《节夫帖》

宋书坛之地位可想而知。

《宋史·文苑传》曰："芾为文奇险，不蹈袭前人轨辙。特妙于翰墨，沉着飞翥，得王献之笔意。画山水人物，自名一家，尤工临移，至乱真不可辨。精于鉴裁，遇古器物书画则极力求取，必得乃已。"①《宋史》为元代脱脱主持修撰，从文学、书法、绘画、临摹、鉴赏、收藏等方面入手，对米芾评价颇高，称其为文奇险，妙于翰墨，善于山水人物，精于鉴裁，专擅临摹，堪称北宋之艺术天才。

《宣和书谱》乃宋徽宗宣和年间所编修的书论巨著，其曰："大抵书效羲之，诗追李白，篆宗史籀，隶法师宜官，晚年出入规矩，深得意外之旨。自谓'善书者只有一笔，我独有四面'，识者然之，方芾书时，其寸纸数字，人争售之，以为珍玩。请求碑榜，而户外之履常满。家藏古帖由晋以来者甚富，自名其居为'宝晋斋'。好事簪缨之流，出其所有奇字，以求跋语，增重其书，而芾喜之，即为作。"② 称米芾之书效法王羲之，诗风上追李白，篆书取法史籀，隶书学师宜官，评价甚高。事实上，米芾崇尚晋人书风，对王羲之、王献之父子心慕手追，其书有羲、献之风尚有中肯之处；至于其"诗追李白，篆宗史籀，隶法师宜官"之言，则颇有言过其实之处。米芾一生，于行书倾力最深，成就亦最高，其余诸如篆、隶、草等体，则

---

① 〔元〕脱脱：《宋史》卷四四四《文苑传六》，中华书局，2000 年。
② 《宣和书谱》，转引自《历代书法家述评辑要》，齐鲁书社，1988 年。

境界平平。

北宋蔡绦《铁围山丛谈》曰："米芾元章有书名，其投笔能尽管城子，五指撮之，势翩翩若飞，结字殊飘逸，而少法度。其得意处大似李北海；间能合者，时窃小王风味也。"① 蔡绦者，生卒年不详，字约之，号百衲居士，福建仙游人。蔡京次子。徽宗宣和六年（1124），蔡京再起领三省，年老不能视事，奏判之事皆由蔡绦为之。宣和七年（1125），赐进士出身，旋即罢之。宋钦宗靖康元年（1126），流放邵州，徙白州。其生活年代稍晚于米芾，因米芾与其父蔡京颇有交谊，所以对米芾之书名、执笔之法与书风之了解当较他人为多，故其所记当颇可信。其所谓米芾结字"少法度"，"其得意处大似李北海，间能合者，时窃小王风味"等语，亦绝非一人之见。

宋高宗赵构颇善翰墨，曾作《翰墨志》一书，其对米芾的评价亦非常之高，曰："米芾得能书之名，似无负于海内。芾于真楷、篆、隶不甚工，惟于行、草诚入能品。以芾收六朝翰墨，副在笔端，故沉着痛快，如乘骏马，进退裕如，不烦鞭勒，无不当人意。然喜效其法者，不过得其外貌，高视阔步，气韵轩昂，殊不究其中六朝妙处酝

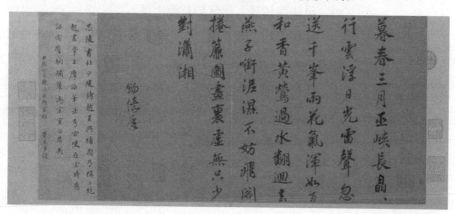

宋高宗赵构书法

① 〔北宋〕蔡绦《铁围山丛谈》，转引自《历代书法家述评辑要》，齐鲁书社，1988 年。

酿，风骨自然超逸也。"① 虽然米芾去世之时宋高宗赵构才出生不久，但当时米芾书名已颇盛，书迹存世、流传者极多，且米芾去世前几年即已颇受宋徽宗赏识，担任书画学博士数年，加之赵构本人亦醉心书法，岂能不晓米芾之书?! 南宋渡江后，米芾长子米友仁历任兵部尚书、敷文阁直学士，伴驾左右，鉴定历代法书画迹，备受宠信，他常盛赞其父书艺，对赵构影响颇深，这也是宋朝南渡之后米芾声名渐著的主要原因。《翰墨志》作为距离米芾生活年代最近的书论作品，其记当较符合当时之客观情景。同书又曰："《评书》谓羊欣书如婢作夫人，举止羞涩，不堪位置。而世言米芾喜效其体，盖米法欹侧，颇协不堪位置之意。闻薛绍彭尝戏米曰：'公效羊欣，而评者以婢比欣，公岂俗所谓重台者耶?'米书欹侧，时人皆有识，不知米芾自认者何?"② 当然，宋高宗既为人君，又精翰墨，虽深受米友仁之影响，然亦绝非毫无鉴赏之功人云亦云之人，他对米书欹侧的态度即为明证。

南宋理学家、书法家朱熹《朱文公集》称赞米芾曰："米老书如天马脱衔，追风逐电，虽不可以范以驰驱之节，要自不妨痛快。"③ 朱熹此赞，旨在赞扬米芾之书迅疾自由，虽法度稍逊，而气势意蕴十足。

元代郑杓、刘有定《〈衍极〉并注》则曰："米南宫、黄太史辈，非不爽峭可喜，直可施之亭榭宴游处。唐以来，唯颜太师大小字俱雄秀合法，然论题署，李北海为最云。"④ 郑氏、刘氏对米芾书法亦颇为欣赏，但以之与颜真卿、李邕为比较，以为米芾之书爽峭可喜，适合书于亭台

---

①② 〔南宋〕赵构：《翰墨志》，转引自《历代书法家述评辑要》，齐鲁书社，1988年。

③ 〔南宋〕朱熹：《朱文公集》，转引自《历代书法家述评辑要》，齐鲁书社，1988年。

④ 〔元〕郑杓、刘有定：《〈衍极〉并注》，转引自《历代书法家述评辑要》，齐鲁书社，1988年。

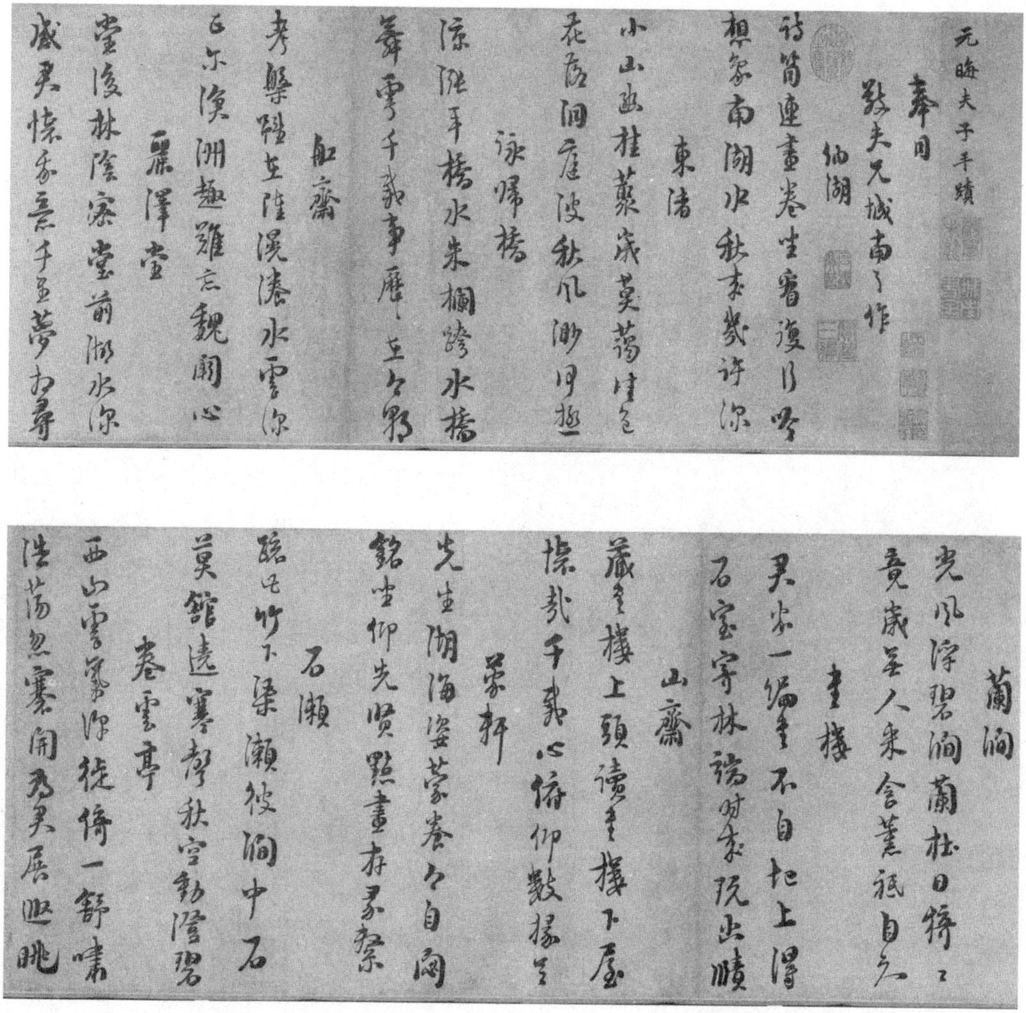

南宋朱熹《城南唱和诗卷》（局部）

楼阁宴游之处，似有其书不够庄严肃穆之意。

　　明代董其昌对米芾的"八字真言"赞不绝口："米海岳书，无垂不缩，无往不收。此八字真言，无等等咒也。然须结字得势。海岳自谓集古字，盖于结字最留意，比其晚年，始自出新意耳。学米书者，惟吴琚绝肖。""字须奇宕潇洒，时出新致，以奇为正，不主故常。此赵吴兴所未尝梦见者，惟米痴能会其趣耳。"[①] 又曰："米元章尝奉道

---

　　① 〔明〕董其昌：《画禅室随笔·论用笔》，转引自《历代书法家述评辑要》，齐鲁书社，1988 年。

明董其昌《临米芾行书手卷》

君诏作小楷千字,欲如《黄庭》体。米自跋云:'少学颜行,至于小楷,了不留意。'……吾尝评米书,以为宋朝第一,毕竟出东坡之上。""米颠书自率更得之,晚年一变,有冰寒于水之奇。""自唐以后,未有能过元章书者,虽赵文敏亦于元章叹服曰:'今人去古远矣。'今海内能为襄阳书者绝少。"① 董其昌对米芾的推崇可谓明代第一,既赞赏其"无垂不缩,无往不收"的八字真言,又赞其从集古字中结字得势,晚年遂能自出新意,其境界甚至连赵孟頫亦不能及。董其昌认为米芾自幼学欧、颜体,晚年更能变其书风,有青出于蓝而胜于蓝之誉,其书艺更在苏东坡、赵文敏之上,堪称宋朝第一。

明代项穆《书法雅言》赞曰:"元章之资,不减褚、李,学力未到,任用天资。观其纤浓诡厉之态,犹排沙见金耳。……使禀元章之睿质,励子昂之精专,宗君谟之遒劲,师鲁直之悬腕,不惟越轨三唐,超踪宋、元,端居乎逸少之下,子敬之上矣。"② 认为米芾之天资与褚遂良、李邕等人相当,可惜功夫不及,大有恃天资而书之意,其书姿态纤浓诡厉,犹如排沙见金。在项穆看来,如果书者有米芾之天资聪颖、赵孟頫之精到专心、蔡襄之笔力遒劲与黄庭坚之悬腕手法,其书艺当在二王之间也。换言之,在项穆眼中,米芾之书所缺正是在功力不

---

① 〔明〕董其昌:《画禅室随笔·评书法》,转引自《历代书法论文选》,齐鲁书社,1988 年。

② 〔明〕项穆:《书法雅言·附评》,转引自《历代书法家述评辑要》,齐鲁书社,1988 年。

足，故笔力稍欠遒劲。同书又曰："元章以豪呈卓荦之才，好作鼓弩惊奔之笔。"① 同书又称："苏、米之迹，世争临摹，予独哂为效颦者，岂妄言无谓哉。苏之点画雄劲，米之气势超动，是其长也。苏之浓耸棱侧，米之猛放骄淫，是其短也。皆缘天资虽胜，学力乃疏，手不从心，藉此掩丑。……苏轼独宗颜、李，米芾复兼褚、张。苏似肥艳美婢，抬作夫人，举止邪陋而大足，当令掩口。米若风流公子，染患痛疣，驰马试剑而叫笑，旁若无人。"② 项穆通过对比评价苏轼、米芾之书，认为苏轼之长在点画雄劲而短在浓耸棱侧，米芾之长在气势超动而短在猛放骄横，二人天资皆胜于他人，而学力功夫不到，故有手不从心之嫌，往往借点画、气势遮掩其短。此见颇有卓识，对二人的优劣品评甚为精确。至于苏轼书如肥艳美婢，作夫人举止气质输于小气，米芾书如风流公子而患痛疾旁若无人而不自知之比拟，亦颇有味道。项氏又援引元代陆友仁《研北杂志》云："至米元章，始变其法，超规越矩，虽有生气，而笔法悉绝矣。予谓君谟之书，宋代巨擘。苏、黄与米，资近大家，学入傍流，非君谟可同语也。朱晦翁亦谓字被苏、黄写坏，并笔法悉绝之言，两语皆刻矣。数公亦有笔法，不尽写坏，体格多有逾越，盖其学力未能入室之故也。数君之中，惟元章更易起眼，且易下笔，每一经目，便思仿摹。"③ 可见，项穆对米芾之笔法，颇有微词，以为其有变乱笔法之嫌，与前人比虽有生气，面目独特，但于笔法而言，则使笔法绝迹。至于朱熹（号晦翁）所谓字为苏轼、黄庭坚等人写坏之语，以及笔法悉绝之言，项氏则以为颇显刻薄，认为苏、黄、米等人亦存笔法，尚不至于

---

① 〔明〕项穆：《书法雅言·规矩》，转引自《历代书法论文选》，齐鲁书社，1988 年。

② 〔明〕项穆：《书法雅言·取舍》，转引自《历代书法论文选》，齐鲁书社，1988 年。

③ 〔元〕陆友仁：《研北杂志》，转引自《历代书法论文选》

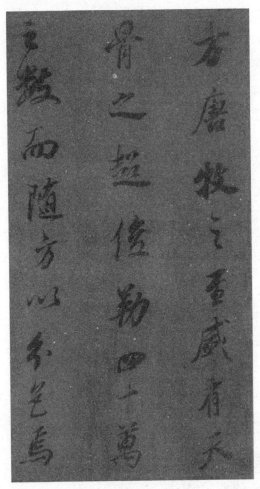

明董其昌《临米芾天马赋》（局部）

写坏，只是体格笔法多所逾越，乃出于学力不足之故也。苏、黄、米三人之中，以米芾最容易引人注目，而且最容易下笔，大凡亲眼所见，便思量仿摹。

孙承泽可以说是董其昌之后对米芾评价最高的清代书论家，其《庚子销夏记》对米芾的《天马赋》赞誉有加，称其为米芾平生书迹第一。其曰："元章所书《天马赋》，以擘窠大字书于平海大师后圆者为最得意之作，雄浑流动，起止、横竖诸法俱备。余尝见其《多景楼诗》亦大书，远不及此，此卷不独在《天马》卷中称第一，其平生书迹亦当以此为第一。"① 同书又云："余少年学米帖，不得其运笔结构之妙，徒得离奇，遂入倾欹一路，后乃痛改之。近年玩其墨迹，始悟晋法。宋思陵云：'近人书存晋法者，惟米芾及薛绍彭耳。'信然。"② 孙氏自幼学米书，临帖无数，而不得其运笔结构之妙，仅貌合而神离，离奇欹侧，后来玩味米芾墨迹既久，渐悟其中晋人法度，方知宋高宗赵构所谓"近人书存晋法者，惟米芾及薛绍彭耳"之确。

康熙皇帝尤擅翰墨之道，对米芾亦倍加赞赏，其《跋米芾墨迹后》曰："米芾书，在'宋四家'中特为雄秀。史称其沉着飞翥得王献之笔意。或云：芾始学颜书，已而宗李邕，又弃而学沈传师。数数改业，遂成名家。……其为书，豪迈自喜，纵横在手，肥瘦巧拙，变动不拘，出神入化，莫可端倪，洵堪与晋、唐诸家争衡。昔人谓右军如

---

① ② 〔清〕孙承泽：《庚子销夏记》，转引自《历代书法家述评辑要》，齐鲁书社，1988 年。

龙，北海如象，然则芾其在龙象之间欤！"① 认为米芾之书
颇有王献之笔意，在"宋四家"中最为雄浑秀挺，原因在
于其初学颜书，后学李邕、沈传师，而后自成一家，任意
纵横，跌宕起伏，乃臻出神入化之境，其书艺堪与晋、唐
诸名家争胜，在王羲之、李邕之间。康熙帝以帝王之尊，
好尚米书，对当时的书法祈尚有一定影响。

清代梁巘则主张，习书之人不可过早学习米书，否则
恐失之偏差。其《评书帖》曰："勿早学米书，恐结体离
奇，坠入恶道。""元章书，空处本褚用软笔书，落笔过
细，钩剔过粗，放轶诡怪，实肇恶派。"② 后世诋毁米书
者，当以梁巘为最，以为米书结体离奇，不宜早学，且米
芾之书，取法褚遂良软笔之书，落笔过细而钩剔过粗，放
纵有余诡怪十足，堪称书法恶派之祖。论书之道，颇有见
仁见智之别，然梁巘此论，未免严苛，如宋人皆如梁氏所
思，米芾又岂能跻身"宋四家"之列？

北宋米芾《自叙帖》（局部）

清代钱泳《书学》即曰："思翁于宋四家中独推服米
元章一人，谓自唐以后，未有过之，此所谓僧赞僧也。盖
思翁天分高绝，赵吴兴尚不在眼底，况文徵仲、祝希哲辈

① 〔清〕爱新觉罗·玄烨：《跋米芾墨迹后》，转引自《历代书法家述评辑要》，
齐鲁书社，1988 年。

② 〔清〕梁巘：《评书帖》，转引自《历代书法家述评辑要》，齐鲁书社，1988
年。

米芾
评传

耶！元章出笔实在苏、黄之上，唯思翁堪与作敌。然二公者，皆能纵而不能伏，能大而不能小，能行而不能楷者，何也？余谓皆坐天分过高之病，天分过高则易于轻视古人，笔笔皆自运而出，故所书如天马行空，不受羁束，全以天分用事者也。"① 所谓思翁即董其昌，钱泳此论恰如其分。同书又曰："米书不可学者过于纵，蔡书不可学者过于拘。米书笔笔飞舞，笔笔跳跃，秀骨天然，不善学者，不失之放，即失之俗。"② 清人中论米书者，多贬抑之语，钱泳尚属赞誉之流，以为米芾之书在苏轼、黄庭坚之上，后人仅董其昌堪与其匹敌。但董其昌与米芾，皆恃天分而轻古人，故能纵而不能伏，能大而不能小，能行而不能楷。至于董其昌极力赞赏米芾，颇有爱屋及乌之嫌。此外，对米书之纵横跌宕气势欹侧，钱氏以为后学之人当戒放纵，其笔笔飞舞，笔笔跳跃，意蕴天成，学而不慎，或流于放纵，或失之过俗。

清代吴德旋《初月楼论书随笔》曰："恽南田云：'褚、米一家书，学米先须从褚入。'余谓学褚有得，自可不须学米。米小行楷书固出于登善，亦只《哀册》一种耳。若《枯树赋》《公孙宏传赞》，萧淡之笔，海岳终身不解也。""米元章云：'草书不入晋人格辙，徒成下品。'此论极是。然唐人草书，无不学大令者。……元章力追大令，而就其合作，仅堪与孙虔礼抗衡，以为入晋人之室，则犹未也。""董香光论书盛推米海岳。海岳行草力追大令、文皇，以驰骋自喜，而不能掩其弩张之习。香光平淡，似为胜之。近时诸城学香光而益加遒厚，然略不肯驰骋，遂极诋海岳。书家所见不同如此，孰为正其是非耶？""岂惟松雪不可骤学，即学元章、思白，亦易染轻绮之习。

---

① 〔清〕钱泳：《书学·总论》，转引自《历代书法家述评辑要》，齐鲁书社，1988 年。

② 〔清〕钱泳：《书学·宋四家书》，转引自《历代书法家述评辑要》，齐鲁书社，1988 年。

鲁斯尝云：'不学唐人，终无立脚处。'诚哉斯言。"①

　　吴德旋对米芾的评价，似乎比其他人更为苛刻，其引时人评论米芾之语并加以论述，观点亦不乏客观中肯之处。恽南田，武进上店人，明末清初著名书画家，开创没骨花卉画的独特画风，为常州画派的开山祖师。他认为褚遂良、米芾之书本为一家，主张要学米书当先从褚遂良入手。吴德旋则不以为然，他认为，米芾的小行楷书《哀册》取法于褚遂良，但也仅此而已。至于褚遂良《枯树赋》《公孙宏传赞》等书之萧散淡远之风，米芾则终身不及也。因此，如果学习褚书有成，当然可以不必学米芾之书。对于米芾关于"草书不如晋人格辙，徒成下品"的说法，吴氏则颇有同感。但他又指出，唐人草书均取法王献之，米芾虽自称力追王献之，然其草书功力仅能与孙过庭相伯仲，犹未能入晋人之室也。至于董其昌（字香光）论书极力推崇米芾，在吴氏看来，亦颇有过誉之处。米芾行草力追王献之、唐太宗，以追求笔势奔放驰骋为要，却不能掩盖其剑拔弩张之陋习。董其昌笔势平淡，意态似乎更胜一筹。时人学董其昌而略加遒厚之态，然而却不肯稍用驰骋之势，于是便极力诋毁米芾。仁者见仁，智者见智，谁又能判断孰是孰非呢？至于学书，不是只有赵孟頫之书不可以短时间内学成，即便是学米芾、董其昌之书，亦易染轻佻绮靡之习气。钱伯埛（字鲁斯）所谓"不学唐人，终无立脚处"，实在堪称至理名言。

　　清代朱和羹《临池心解》曰："元章书夭矫跌宕，世咸称其自创一法，不知其全学陆柬之《头陀寺碑》。陆书少传世，元章亦秘不言耳。"又曰："小楷最不易工。元章但有行押，偶一作楷，亦但妍媚取态耳。"② 朱氏所谓"夭

　　① 〔清〕吴德旋：《初月楼论书随笔》，转引自《历代书法家述评辑要》，齐鲁书社，1988 年。

　　② 〔清〕朱和羹：《临池心解》，转引自《历代书法家述评辑要》，齐鲁书社，1988 年。

矫跌宕"，自是指米书跌宕欹侧之势，颇为传神，然其"世咸称其自创一法"之语，又有过誉之嫌。至于其是否师法陆柬之《头陀寺碑》，尚待考究。然米芾《书史》有《跋头陀寺碑》，似出于殷令名之手，不知何者为是。按：其米芾楷书"妍媚取态"之说，以米芾一生，行书成就为最大，楷书流传甚少，或有妍媚之态亦未可知。

清代刘熙载《艺概·书概》称："米元章书大段出于河南，而复善摹各体。当其刻意宗古，一时有集字之讥；迨既自成家，则惟变所适，不得以辙迹求之矣。"又曰："米元章书脱落凡近，虽时有谐气，而谐不伤雅，故高流鲜或訾之。"① 刘氏此语，颇中要害。米芾自幼习诸唐人之书，于褚遂良处得益良多，故能规摹唐贤诸体。成年后以尚古为好，时人多讥讽其"集古字"，此时，尚无个性。及至暮年，自成一法，遂无前人痕迹。虽偶有俗笔谐气，终不伤雅致。至于"故高流鲜或訾之"之句，则稍显臆断。事实上，米芾自书名稍盛，诋毁之声便如影随形，从最早的"集古字"，到后期的弩张之习，欹侧之势等，多有不和谐之音。刘熙载与包世臣曾探讨米芾所谓"大字如小字"之论，对此，清代包世臣在其《艺舟双楫·答熙载九问》中称："大字如小字，以形容其雍容俯仰，不为空阔所震慑耳。襄阳侧媚跳荡，专以救应藏身，志在束结，而时时有收拾不及处，正是力弱胆怯，何能大字如小字乎！"② 所谓大字如小字，旨在形容结体雍容大度俯仰有致，不受空间大小所限。米芾之书欹侧跳荡，意在结体紧凑而非雍容，故常有结体疏散之处，这正是米书功力不及而气势细弱的表现，何以称大字如小字？

清代杨守敬《学书迩言·评书》评曰："米襄阳书，

① 〔清〕刘熙载：《艺概·书概》，转引自《历代书法家述评辑要》，齐鲁书社，1988 年。

② 〔清〕包世臣：《艺舟双楫·答熙载九问》，转引自《历代书法家述评辑要》，齐鲁书社，1988 年。

以悬肘书字，故超迈绝伦。然其率意不稳处，亦时现于纸上，故刘石庵疵为俗。"① 悬肘书既是米芾书法的独特之处，亦是米芾书法欹侧的主要原因，所以杨守敬认为米芾之书或有率意不稳之处。至于刘墉（号石庵）讥讽米书俗气，亦非全无道理。

清代康有为《广艺舟双楫·行草二十五》曰："宋人讲意态，故行草甚工，米书得之。后世能学之者，惟王觉斯耳。……米友仁书中含，南宫外拓。而南宫佻僄过甚，俊若跳踯则有之，殊失庄若对越之意。若小米书，则深奇秾缛，体态丰嫇。"② 康有为对米芾的评价可谓毁誉参半，称米芾之书颇合宋人尚意之趋势，然其书甚轻佻，虽不乏俊逸跳踯之处，但始终失之不够庄严肃穆，与其子米友仁相比，康氏以为小米之书体态奇逸皆稍胜其父一筹。

米芾曾为宋徽宗书写御屏，书毕乃掷笔于地，大言曰："一扫二王恶札，光耀皇宋万古。"其狂妄之处可见矣。清初四大家之王文治对米书赞赏不已，曾作《论书绝句》，称米芾"天资凌轹未须夸，集古终能自立家。'一扫二王'非妄语，只应酿蜜不留花。"充分肯定米芾天资聪颖且善临诸家，早期虽号称"集古字"，但终至自成一家。至于米芾宣称"一扫二王恶札"，亦绝非狂妄之语。其《快雨堂题跋》亦云："米书奇险瑰怪，任意纵横，而清空灵逸之气，与右军相印。"③ 对米书的奇险瑰怪与随意纵横大加赞赏，至于其书空灵俊逸之气，则以为有王羲之之风。

综观后世书论家对米芾的评价，盛赞者不少，其中不乏名家，多称米书有二王之风；纯粹毁誉者相对较少，以清代

---

① 〔清〕杨守敬：《学术迩言·评书》，转引自《历代书法家述评辑要》，齐鲁书社，1988 年。

② 〔清〕康有为：《广义舟双楫·行草二十五》，转引自《历代书法家述评辑要》，齐鲁书社，1988 年。

③ 〔清〕王文治：《快雨堂题跋》，转引自《历代书法家述评辑要》，齐鲁书社，1988 年。

梁巇为甚；至于毁誉参半者，实属多数，往往誉其有晋唐之风，毁其笔势跌宕欹侧。事实上，米书的确姿态欹侧，笔势猛戾，有违中和之道，书论家颇有微词亦在情理之中。

唐褚遂良《雁塔圣教序》（局部）

不少清代书论家一方面肯定米芾书之迅疾节奏与恢宏力度，一方面则称其笔势有失平和，冯武在《书法正传·黄山谷书评》中收录了黄庭坚对米芾的评价："米元章书，如快剑斫阵，强弩射千里，所当穿彻，书家笔势，亦穷于此。然亦似仲由未见孔子时风气耳。"① 吴宽《匏翁家藏集》则曰："颜鲁公平日运笔，清活圆润，能兼古人之长。米海岳则猛厉奇伟，终坠一偏之失。以孔门方之，真有回、路二子之别。"② 多以子路未见孔子时相比拟，言语相对委婉。综观历代书论家对米芾的评价，大凡对米芾持否定甚至诋毁态度之人，多针对米书欹侧之势、跌宕纵横而言，事实上，中国书法最讲究"中和"之美，要求不激不厉，骨肉相谐，方圆相济，中庸和谐，而米书气势跌宕纵横，猛厉奇伟，似有失中和之道，故多有人质疑，亦在情理之中。

米芾的书法影响始于宋室南渡之后，其子米友仁传承

---

① 〔清〕冯武：《书法正传·黄山谷书评》，转引自《历代书法家述评辑要》，齐鲁书社，1988 年。

② 〔清〕吴宽：《匏翁家藏集》，转引自《历代书法家述评辑要》，齐鲁书社，1988 年。

其家学，宋高宗极其重视米书，内侄吴琚专学米书，几可乱真。南宋以后的著名书法丛帖中，大多刻米芾之书，故流传甚广，影响极为深远。元代鲜于枢、赵孟頫都收藏过米书，并给予极高评价。明代董其昌学米而出之以淡，敛戢元章跳踉之习；清初王铎学米而益之以猛，张皇元章驰骤之势。后世师法之人不计其数，明末

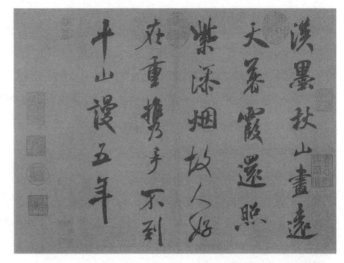

北宋米芾《淡墨秋山诗帖》

诸书法大家如文徵明、祝允明、陈淳、徐渭、王铎、傅山等，亦多从米芾之书中吸取养分，直到现在，依然有为数众多的书法爱好者临习米帖，践行米氏思想，其影响可谓深远矣。

康有为所谓"唐言结构，宋尚意趣"，形象地说明了宋代书法家讲求意趣和个性的时代特征，米芾尤其如此，他自幼习书，遍临前代诸家名帖刻石，终生临池不辍，这也是米芾书法成功的根本原因。据米芾自述，其听从苏轼建议弃唐入晋之前，深受颜真卿、欧阳询、褚遂良、沈传师、段季展等唐代名家之影响，这也是米芾精于临摹前代法帖的根基。米芾书法中，有不少特殊笔法，如"门"字右角的圆转、竖钩的陡起以及蟹爪钩等，都集自颜体行书；外形竦削的体势，与欧体密切相关；其大字深受段季展影响，"独有四面""刷字"等皆源于此；至于褚遂良之用笔变化多端，结体生动，最合米芾胃口，曾盛赞其字曰："如熟驭阵马，举动随人，而别有一种骄色。"

但是，米芾性格中的狂妄不羁，始终是他独特书风中的双刃剑，对跌宕跳跃体势的追求时刻体现在米芾作品之中，即便是像《向太后挽词帖》这种理应肃穆端庄的小楷中亦多有流露。恰如黄庭坚所谓的"终随一偏之失"那

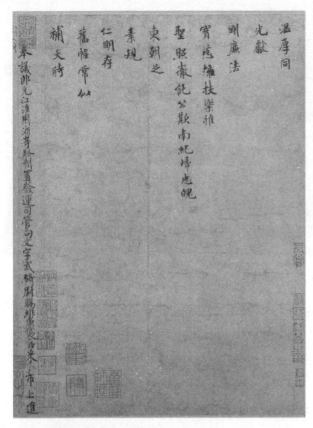

北宋米芾《向太后挽词帖》（局部）之一

北宋米芾《向太后挽词帖》（局部）之一

样，米芾"但能行书，正草殊不工"，篆隶亦不甚工，草书平平。他对唐人草书的否定态度及对晋人草书的见识，正是他草书成绩平平的根源。

除了高超的书法造诣以外，米芾亦颇善画，酷爱收藏，集书画家、鉴定家、收藏家于一身，收藏宏富，涉猎甚广，加之眼界宽广，鉴定精良，其自创"米氏云山"深刻地影响了北宋以后的中国画坛，至今仍有着强烈的现实意义。米芾对同时代画家多有评述，其曾曰："吴生画遍阅一世，未有此比，若入御府，未装简望。假一日使诸生识，世间不复有也（诸生至今未给食）。""马唐画，非干笔，少圆润秀气，与芾家天王同。往往世间此等画，便假名吴生甚众。"①

米芾平生善画，对绘画理论亦颇有研究，著有《画史》一书，堪称后人研究古代画史的必备用书。米芾对北宋时期画坛流行的李成、关仝、李公麟等人之画颇有微词，称自己"无一笔李成、关仝俗气""不使一笔入吴生"②，却对当时寂寂无闻的五代画家董源、巨然的山水画倍加赞赏，称誉其"平淡天真

① 〔北宋〕米芾：《米芾文集》，转引自《米芾集》，湖北教育出版社，2002 年。
② 〔北宋〕米芾：《画史》，转引自《米芾集》，湖北教育出版社，2002 年。

多……峰峦出没，云雾显晦，不装巧趣，皆得天真"。其有诗《题董北苑画》："千峰突兀插空立，万木萧疏拥涧阴。日暮草堂犹未掩，从知尘土远山林。"董北苑即董源，米芾收藏的董源雾景横披全幅，"山骨隐显，林梢出没，意趣高古"[①]。又有《题巨然海野图》诗，曰："江郊海野坡陁阔，林远烟疏淡天末。抨分蓁町暮潮生，星列渔乡夜梁活。关荆大图矜秀拔，取巧施工不真绝。意全万象无不括，维摩老手巨然夺。"米芾《画史》曾曰："巨然师董源，今世多有本，岚气清润，布景得天真多。巨然少年时，多作矾头，老年平淡趣高。"[②]同书又记巨然半幅横轴："一风雨景，一皖公山天柱峰图，清润秀拔，林路萦回，真佳制也。"[③]

米芾借鉴董源、巨然开创出了"米家山水"，又名"米氏云山"，完全摒弃北宋自荆浩以来渐趋成熟的勾、皴技法，据《画史》记载，米芾所作之画不少，曾作《子敬书练裙图》，又"尝作支、许、王、谢于山水间行，自挂斋室"，"又以山水古今相师，少有出尘格者，因信笔作之，多烟云掩映，树石不取细，意似便已。知音求者，只作三尺横挂。三尺轴惟宝晋斋中挂双幅成对，长不过三尺，褾（裱）出不及椅所映，人行过肩汗不着，更不作大图，无一笔李成、关仝俗气。"[④]米芾亦不止一次地提及自己的画作。

《海岳题跋》中有《跋自画云山图》曰："绍兴乙卯初夏十九日，自溧阳来游苕川，忽见此卷于李振叔家，实余儿戏得意作也。世人知余喜画，竞欲得之，鲜有晓余所以为画者，非具顶门上慧眼者，不足以识，不可以古今画家者流画求知。老境于世海中，一发毛事，泊然无着染，每静室僧趺，忘怀万虑，与碧虚寥廓同其流荡。焚生事，

---

①②③④〔北宋〕米芾：《画史》，转引自《米芾集》，湖北教育出版社，2002年。

五代董源《潇湘图》（局部）

折腰为米，大非得已。振叔此卷，慎勿以与人也。"① 虽然米芾早期画作就已被人收藏，但米芾对绘画始终抱着一种抒发心情的随意性，称绘画乃"自适其志"，米友仁则将这种思想发挥到更高的层次，即文人画只是"寄兴游心"的笔墨游戏而已。米芾一生，自创"米氏云山"，对后世画坛影响甚巨，却无画迹流传，诚为可惜。现存的米友仁《潇湘奇观图》，即是米芾米氏云山画法的实践者与继承者，具体说，就是以极淡之墨色勾勒云层的轮廓，以墨色的浓淡变化烘染出云气蒸腾之势，又用淡墨晕染山之轮廓，再以大小错落、由淡而浓的横点叠加，渲染山体之雄厚。至于房舍、树枝，则以简笔勾勒，再以浓淡相间的横点点缀树叶，号称"落茄点"。整体画风恢宏大气，峰峦雄秀，云气氤氲，境界淡雅悠远。

米芾一生，尤精于鉴别古书画，酷爱收藏，宋徽宗时任书画学博士一职，因职务之便，得以遍观内府收藏，见多识广，独具慧眼。又好古成癖，见古物即爱而不舍，凡遇古器物书画，即极力求取，甚至不惜以珍藏之字画古玩相交换。真州任上甚至有为求晋人法帖而不惜以投江相要挟之举。他尤其心仪古雅之书，其长子米友仁《跋米芾〈指右军四帖〉》曾曰："所藏晋、唐真迹，无日不展于几上，手不释笔临学之。夜必收于小箧，置枕边乃眠。"米芾几乎与所收藏的晋、唐真迹朝夕相处，"米家书画船"之事诚不虚也。

米芾家中收藏的古物法书碑帖不计其数，堪称北宋首

---

① 〔北宋〕米芾：《跋自画云山图》，转引自《米芾集》，湖北教育出版社，2002 年。

屈一指的私人收藏家。《画史》记曰："余家最上品书画，用姓名字印、审定真迹字印、神品字印、平生真赏印、米芾秘箧印、宝晋斋印、米姓翰墨印、鉴定法书之印、米姓秘玩之印。玉印六枚：辛卯米芾、米芾之印、米芾氏印、米芾印、米芾元章印、米芾氏，以上六枚白字，有此印者皆绝品。玉印惟著于书帖，其他用米姓清玩之印者，皆次品也。无下品者。其他字印有百枚，虽参用于上品印也。自画古贤惟用玉印。"① 据此，仅米芾所藏印章已令人眼花缭乱，而其所开创的不同品级的作品以不同印鉴相钤印的鉴藏风气，亦堪称开新风气之先。可惜，其所经手收藏的书画珍奇之物虽多，但并未留下完整记录，无法验证。其著述的《书史》《画史》《宝章待访录》等书，均为札记体裁，其所见所闻之名迹，皆随手记述，并无特定条理，诚为可惜。

《宝章待访录》作于元祐元年（1086）八月，主要记载当时的士大夫们收藏的晋、唐墨迹。全书分为"目睹"与"的闻"两部分，所谓"目睹"者，即米芾自己亲眼所见之作，包括王羲之《快雪时晴帖》以下共五十四条，其中张芝、王翼二帖注云非真；所谓"的闻"者，即米芾听闻而未见之作，包括唐怀素自序以下共二十九条，大致与《书史》所记载者相当，稍有出入。二者相较，《宝章待访录》言简意赅，仅交代书作收藏之人及印跋等简要信息。《书史》则在书作收藏人及印跋信息之外，详细介绍书作流传、品相、装裱、评价等，内容充实，二者所记内容或稍有出入。此处仅以《晋贤十四帖》为例，《宝章待访录》题曰：《晋武帝》《王浑》《王戎》《王衍》《郗愔》《陆统》《桓温》《谢万》等十四帖，记曰："右真迹在驸马都尉李公□第。武帝、王戎书字有篆籀气象，奇古，墨色如漆，纸皆磨破。上有'开元'二字小印，太平公主胡

① 〔北宋〕米芾：《画史》，转引自《米芾集》，湖北教育出版社，2002 年。

书印，美哉！不可得而加矣！世之奇书也。'王涯永存珍秘'印、'殷浩'之印、'梁秀收阅古书记'等字印，内郗口一帖，即阁本法帖所录者。昔使王著取溥家书与阁下书杂模，此卷中，独取口两行，余在所弃，哀哉！谢安《慰问帖》，字清古，在二王之上，宜乎批子敬帖尾也。"《书史》则记曰："晋贤十四帖，检校太师李玮于侍中王贻永家购得，第一帖张华真楷，钟法，次王濬，次王戎，次陆机，次郗鉴，次陆（琬）表，晋元帝批答，次谢安，次王衍，次右军，次谢万两帖，次王珣，次臣詹，晋武帝批答，次谢方回，次郗愔，次谢尚，内谢安帖，有开元印，缝两小玺，建中翰林印。安及万帖有王涯永存珍秘印，大卷前有梁秀收阅古书印，后有殷浩印，殷浩以丹，梁秀以赭，是唐末鉴赏之家，其间有太平公主胡书印，王溥之印。自五代相家宝藏。侍中，国婿，丞相子也。太宗皇帝文德化成，靖无他好，留意翰墨，润色太平。淳化中尝借王氏所收书，集入《阁帖》十卷，内郗愔两行《二十四日帖》，乃此卷中者，仍于谢安帖尾御书亲跋三字以还王氏，其帖在李玮家。余同王涣之饮于李氏园池，阅书画竟日，末出此帖：枣木大轴，古青藻花锦作标，破烂，无竹模，晋帖，上反安冠簪样古玉轴。余寻制掷枣轴池中，拆玉轴，王涣之加糊，共装焉。一座大笑，要余题跋，乃题曰：'李氏法书第一（亦天下法书第一也）'。"[①] 对比二则记载可知，二者不仅详略不同，而且文字记述亦稍有出入，如《宝章待访录》该条仅及八人姓名，无王羲之、张华、王濬、陆机、王珣、臣詹、郗鉴、谢方回、谢安、谢尚之名；《书史》则录十六人十七帖，其中有谢万两帖，谢安帖在谢尚帖中，另有晋元帝、晋武帝批答两则，此二者有出入者。至于印跋之记，前者简略，后者详细，此处

---

① 〔北宋〕米芾：《书史》，转引自《米芾集》，湖北教育出版社，2002 年，第 116 页。

不赘。而《淳化阁帖》之收录、装裱、题跋之内容，《宝章待访录》皆不载，仅见于《书史》。

北宋米友仁跋《潇湘奇观图》

米芾又善临仿古人字画，常临摹二王法书，而众人莫能辨者。《宣和书谱》曾称其"古纸临仿，便与真者无辨"，米芾善临摹，有时甚至到了以假乱真的地步。我们现今看到的二王的一些作品，据说都不是"真迹"，而是米芾的仿摹品。据说，曾有一书画商人，有唐人真迹一幅，意欲售于米芾，但是要价很高。米芾便与该商人约定，画暂时留在米芾家中，五天后给人答复，买画则付钱，不买画即归还画作。及至商人按约定时日再来时，米芾则称画的确不错，但价钱太高，请商人自己把画拿走，一边说一边把画打开，让商人检查，商人不知其中缘由亦不辨真假，遂将画取走。次日，商人携画又至米府，结果未及商人开口说话，米芾就笑了，称早知商人今天会来，所以推辞了友人之邀在家等候。商人心知肚明，连称眼拙，不识真伪，今日特来奉还。米芾便高兴地将原本真迹返还给商人。此后，每每与朋友们说起此事，便笑得前仰后合。

前述沈括"曝书会"，米、沈二人交恶即缘于一幅米芾摹本，以及米芾、王诜联手造假之事，皆可见米芾临摹技艺之精湛。对此，明代莫是龙《莫廷韩集》曾曰："米元章行法登右军、大令之堂，每作二王帖传人间，虽一时赏鉴如绍彭诸贤，亦莫能辨其真赝，独小楷不多见于世耳。"① 南宋葛立方《韵语阳秋》曰："米元章书画奇绝，从人借古本自临，拓临竟，并与临本、真本还其家，令自择其一，而其家不能辨也，以此得人古书画甚多。"② 薛绍彭精于鉴裁，痴迷收藏，熟识晋唐法帖，尚且不能辨其真伪，至于普通收藏爱好者无法区分真伪画作之事，更在情理之中，米芾善临仿前人书画可见一斑。

笔、墨、纸、砚为文房四宝，历代多有文人关注。米芾亦不例外，在米芾著作中，有不少关于砚台、纸张的论著，如《砚史》《十纸说》。

米芾对砚台的喜爱与研究非常深入，一生蓄藏研（砚）山和石砚极多，仅清代《西清砚谱》记载的就有多方。米芾爱石喜砚，对砚台亦多有研究，曾作《砚史》一书，记录各地许多砚台。其序曰："人好万殊，而以甚同为公，甚不同为惑。喻之而移，非真得之。更而得之，则必信其守。夫博弈犹贤乎已，则吾是文必不见嗤于赏鉴之士。"充分说明了自己喜爱砚台的嗜好。他爱砚不仅仅是为了赏砚，而是不断地加以研究，他对各种砚台的产地、色泽、细润、工艺都做了论述，其所著《砚史》一书，为后人留下了宝贵的经验。

米芾爱砚爱奇石，仅研山就收藏有不少。所谓研山，就是山形的砚台，即利用山形之石，中间凿为砚台，砚附于山，故名研山。《米芾集》收录的与研山有关的诗文就有不少，其《研山》诗序曰："谓其小，可置笔砚，此石形如嵩岱，顶有一方坛。"诗曰："九江有奇石，跌岱而嵩头。巨灵貌一擘，峣忆三休。屹禀异质，嶒峻谁刻镂。百叠天巧尽，九盘猿未愁。"其形状独特，底部似泰山，顶部则如嵩山，堪称大自然鬼斧神工之杰作，米芾颇为喜

---

① 〔明〕莫是龙：《莫廷韩集》，转引自《历代书法家述评辑要》，齐鲁书社，1988 年。

② 〔南宋〕葛立方：《韵语阳秋》，转引自《历代书法家述评辑要》，齐鲁书社，1988 年。

欢，曾邀苏轼为之作铭，苏轼亦对其
赞赏有加。米芾还有一首《研山诗》
传世，诗曰："山研云初抱，奁书客
不传。北窗多异气，正对净名天。"
言语之间，颇有宝重之意。老年以
后，米芾曾得到一方琅琊紫金石：
"吾老年方得琅琊紫金石，与余家所
收右军砚无异，人间第一品也。端歙
皆出其下。新得右军紫金砚石，力疾

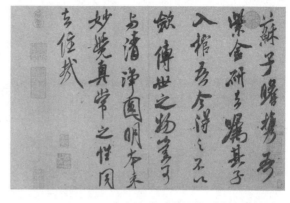

北宋米芾《书识语〈紫金砚帖〉》

书数日夜，吾不来斯，不复用此石矣。"① 此记所涉之宝砚
即有三方之多，琅琊紫金砚、右军砚以及右军紫金砚，皆
米芾格外珍视之物。

　　米芾对砚台的喜爱几乎无人能及。有一次，有位朋友
想从他那里得到一方石砚，米芾不肯割爱，遂写信告知友
人，称石砚如己之头，无法割爱，完全一幅视砚如命的样
子。米芾收藏的紫金砚，极致精巧，颇得苏轼之钟爱，曾
借去观赏，临终前甚至想以之随葬，以苏、米二人交谊之
深厚，米芾尚且不舍得相赠，称"苏子瞻携吾紫金砚去，
嘱其子入棺。吾今得之，不以敛（殓）。传世之物，岂可
与清净圆明、本来妙觉、真常之性同去住哉？"其爱砚之
心可见一斑。事实上，米芾做此记之意，当在强调紫金砚
为传世之物不应随葬，借以掩饰自己对紫金砚的珍爱与不
舍心理，或许也有些愧对苏轼之意。

　　米芾喜爱砚台至深，曾经因为一方砚台，在宋徽宗面
前故意假装癫狂，完全不顾自身颜面与宋徽宗的帝王之
尊。一次，宋徽宗让米芾以两韵诗草书御屏，实际上也想
见识一下米芾的书法，因为宋徽宗也是一个大书法家，他
创造的"瘦金体"也是很有名气的。米芾笔走龙蛇，从上

<hr>

　　① 〔北宋〕米芾：《书紫金砚事》，转引自《米芾集》，湖北教育出版社，2002
年。

而下其直如线，宋徽宗看后觉得果然名不虚传，大加赞赏。米芾看到皇上高兴，随即将皇上心爱的砚台装入怀中，墨汁四处飞溅，衣服都被染黑，理由是："此砚臣已用过，皇上不能再用，请您将它赐予我吧！"宋徽宗见此，亦爱惜其书法，不觉大笑，随即将砚赐予米芾。米芾爱砚至深，视砚如命，曾抱着心爱之砚共眠数日。

米芾之爱砚，始终强调砚台的实用性功能，曾曰："器以用为功。玉不为鼎，陶不为柱。文锦之美，方暑则不仙于表出之。绤楮叶虽工而无补于宋人之用。夫如是，则石理发墨为上，色次之，形制工拙又其次，文藻缘饰虽天然，失研之用。"① 在他看来，判断一方砚台优劣与否，发墨性能为第一，颜色次之，形制又次之，至于天然纹饰之类，则纯粹与砚台的实用性无关。这也是米芾爱砚藏砚的一贯原则。

米芾《砚史》所及之砚多矣，诸如玉砚、唐州方城县葛仙公岩石、温州华严尼寺岩石、端州岩石、歙州婺源石、通远军漖石砚、西都会圣宫砚、青州青石、成州栗亭石、潭州谷山砚、成州栗玉砚、归州绿石砚、夔州（黟）石砚、庐山青石砚、苏州褐黄石砚、建溪黯淡石、陶砚、吕砚、淄州砚、高丽砚、青州蕴玉石、青州红丝石、虢州石、信州水晶砚、蔡州白砚等达二十多种。对于砚台的品性，米芾亦多有研究，所谓"大抵四方砚发墨。久不乏者，石必差软，叩之声低而有韵。岁久渐凹。不发墨者，石坚，叩之坚响。稍用则如镜走墨。"② 这些都是米芾自己用砚藏砚的心得体会，对于《砚史》所记录的砚台，米芾也始终坚持实事求是的原则，仅记载亲眼所见、亲自使用或自己收藏之砚，大凡听闻之砚皆不记录。米芾品砚，还有一个趋向，那就是："古砚无不佳，岂不尝落。"表面

---

① 〔北宋〕米芾：《砚史》，转引自《米芾集》，湖北教育出版社，2002 年。
② 〔北宋〕米芾：《砚史》，转引自《米芾集》，湖北教育出版社，2002 年。

上，米芾比较迷信古砚，实则不然，因为只有那些拥有较高实用价值与收藏价值的砚台，才能经历岁月的选择最终保存并流传，故米芾此说颇有几分道理。

至于纸的种类、制作工序等，米芾亦属见多识广之人，其《十纸说》共记载各地所产纸张十余种，如福州纸浆、越陶竹万杵、六合纸、无为纸、四川白麻纸、长沙骨古纸、河北桑皮纸、饶州竹纸、岭峤梅纸、唐代硬黄纸等，详细论及其产地、品质以及制法。著名者如"川麻不浆，以胶作黄纸，唐诏、敕皆是，所以有白麻之别也。长沙云□二十年前未使灰透明有骨古纸，捣细者不在唐澄心之下。因康王教纸匠，遂入灰，品不及。康王展之，则石灰满手。""饶州竹入墨在连上，又有黄皮纸，天性如染，薄紧可爱，亦宜背古书。连纸不可写经，用小便浸稻干，非竹也，天阴便臭。又连蠹，非佳品，装褙亦不成。"① 又称："李重光作此等纸，以供澄心堂用，其出不一，以池州马牙捶浆者为上品。此乃饶纸，不入墨，致字少风神。"②其余诸如福州纸浆捶亦能岁久，越陶竹纸紧薄可爱，六合纸、无为纸、四川黄白麻纸、长沙骨古纸、河北桑皮纸、南唐澄心堂纸、饶州黄皮纸等不胜枚举。

米芾喜爱奇石甚至到了痴迷的程度。爱石藏石玩石，是米芾一生的癖好，在丹徒自不例外。其《书异石》一文即记载了一块奇石，其文曰："西山书院，丹徒私居也。上皇樵人以异石来告余，凡八十一穴、状类泗淮山一品石，加秀润焉。余因题为"洞天一品石"，以丽其八十一数，令百夫辇致宝晋斋。又七日，甘露下其石，梧桐、柳、竹、椿、杉、蕉、菊，无不沾也。自五月望至二十六日，犹未已。"③该石奇特秀润，形状颇类泗淮山之一品

---

① ②〔北宋〕米芾：《十纸说》，转引自《米芾集》，湖北教育出版社，2002 年。

③ 〔北宋〕米芾：《书异石》，《涉闻梓旧》本《宝晋英光集》补遗，转引自《米芾集》，2002 年。

石，但比泗淮山一品石更加秀润。更为奇特的是，该石被米芾移到西山书院之后，因为有露水浸润，竟然出现树枝、花朵等图案，从梧桐、柳、竹、椿、杉、蕉、菊等，惟妙惟肖，姿态宛然，时间长达十多日，由此可见，米芾确有赏石之眼光。无为军任上时，池北有石丈（又名拜石），为石灰岩质地太湖石，原在黄洛河边，米芾见之，

研山奇石

喜不自禁，遂移至州署。每日抱笏对石揖拜，呼为"石兄"，后又改"石兄"曰"石丈"，世人皆以为怪癖，足见米芾恃才傲物、与世不谐、玩世不恭的鲜明个性。

米芾对字画装裱亦颇有心得，其《书史》记载："装书裱前，须用素纸一张，卷到书时，纸厚已如一轴子看，到跋尾，则不损古书。所用轴头，以木性轻者。纸多有益于书。油拳麻纸硬坚，损书第一。池纸匀捶之，易软少毛，澄心其制也。今人以歙为澄心，可笑，一卷即两分，理软不耐卷，易生毛。古澄心以水洗浸一夕，明日铺于桌上晒干，浆捶已去，纸复元性，乃今池纸也。特捣得细，无筋耳。古澄心有一品薄者，最宜背书。台藤背书，滑无毛，天下第一，余莫及。"[1]唐代人装裱前代法帖，为了不致损坏古纸，通常会使用两种方式，一种是将古纸捶熟，直到纸张柔软如绵；另一种则先将前代法帖放入水中荡涤，然后再晒干，恰如重新抄录过一般。米芾酷爱收藏古代书画作品，故常借鉴唐人之法装裱字画。"余每得古书，辄以好纸二张，一置书上，一置书下，自傍滤细皂角汁和水，霈然浇水入纸底，于盖纸上用活手软按拂，垢腻皆随水出。内外如是，续以清水，浇五七遍，纸

---

① 〔北宋〕米芾：《书史》，转引自《米芾集》，湖北教育出版社，2002年。

墨不动，尘垢皆去。复去盖纸，以干好纸渗之两三张，背纸已脱，乃合于半润好纸上，揭去背纸，加糊背焉。不用绢压四边，只用纸，免折背，绷损古纸。勿倒衬，帖背古纸随稳便，破只用薄纸，与帖齐头相拄，见其古，损断尤佳，不用贴补。古人勒成行道，使字在筒瓦中，乃所以惜字。"① 米芾深谙唐人装裱古帖之法，当然亦对时人误裱而伤及古画之行为深恶痛绝，诸如揭薄古厚纸令其薄厚方背、将绢帖勒成行道以令其平直、喜以绢背古帖而致纸墨磨损等等，都是宋人不懂古法而损古帖的不当做法。上述米芾曾与王涣之共装裱李玮之《晋贤十四帖》，亦可为米芾精通字画装裱之道的明证。

　　米芾精于鉴赏，然其所藏书画之中亦不乏赝品，数为苏轼、黄庭坚所讥笑。宋陈鹄《耆旧续闻》曾记载曰："近代酷收古帖者，无如米元章……元章广收六朝笔帖，可谓精于书矣，然亦多赝本。东坡跋米所收书云：'画地为饼，未必似要令痴儿出馋水。'山谷和：'百家传本略相似，如月行天见诸水。'又云：'拙者窃钩辄折趾。'盖讥之也。"② 据说，米芾还联合王诜造假。据米芾《书史》记载，王诜经常想方设法请他临帖，之后"染古色麻纸，满目皴纹，锦囊玉轴，装剪他书上跋，连于其后；又以临虞帖装染，使公卿跋"③。米芾此记，颇有自得其临摹法帖之能，殊不知，无意中，已将王、米联合造假之事昭告天下。因精于临摹，亦常有摹他人法帖、画作之举，有一回，他借人一幅戴嵩的《牛图》。他临摹了一幅，就把真品藏过，把临摹的还给别人，干这种诓画的勾当对于米芾来说，已不是第一次了，因此，他总认为有把握。不料，这一回外借《牛图》画的人也是位内行，一眼就看出了破绽，定要米芾送还原作。起初，米芾还想抵赖装傻，后来

①③〔北宋〕米芾：《书史》，转引自《米芾集》，湖北教育出版社，2002 年。

② 〔南宋〕陈鹄：《耆旧续闻》，转引自《米芾集》，湖北教育出版社，2002 年。

听那人说道:"我那张画,牛眼睛瞳子里有牧童的影子,你还的那张没有,所以知道是伪造的。"无奈之下,米芾只能把《牛图》真迹还给人家。

宋人尚意,文士多有怪癖,米芾尤其如此,《耆旧续闻》对此记载甚详,其曰:"世传米芾有洁疾,初未详其然,后得芾一帖云:'朝靴偶为他人所持,心甚恶之,因屡洗,遂损不可穿。'以此得洁之理,靴且屡洗,余可知矣。又,芾方择婿,会建康段拂,字去尘,芾释之曰:'既拂矣,又去尘,真吾婿也。'以女妻之。又一帖云:'承借剩员,其人不名,自称曰张大伯。是何老物,辄欲为人父之兄?若为大叔,犹之可也。'此岂以文滑稽者耶!"① 米芾之洁癖时人众所周知,洗手不用巾拭,相拍至干,屡洗朝靴致损坏不可穿,还曾因洗破朝服而遭人弹劾,至于以段拂为婿之事,更见其偏执心性。对某人自称张大伯一事之反应,则更显米芾之可爱,甚至有些可笑,这些都是宋人所津津乐道的趣闻逸事。

米芾还有一个癖好,那就是酷爱穿唐服,时人据此称之为"狂生""古君子""活卦影"等。黄庭坚《书赠俞清老》中曾记,米芾身穿唐服,行事言语,皆随其心意,故"人往往谓之狂生"。胡应麟《跋米颠自荐启》亦称:"芾每一出,小儿群噪随之,至呼为'活卦影'。"卦影是占卜算卦之人用图画来解释吉凶的,如鸟为四足,兽添两翼,人物则戴儒冠而着释服。米芾好怪,经常头戴高帽,身着唐服,宽衣大袖,故人称"活卦影"。据说,有一次由于头戴高冠无法坐车,甚至不惜让人拆掉轿顶。他对唐服的酷爱,其《画史》中亦有透露:"唐人软裹,盖礼乐阙,则士习贱服,以不违俗为美。余初惑之,当俟君子留意。……余为涟水,古徐州境,每民去巾,下必有鹿楮皮冠,此古俗所着,良足美也。又唐初画举人必鹿皮冠,缝掖大袖,黄衣短至膝,长

---

① 〔南宋〕陈鹄:《耆旧续闻》,转引自《米芾集》,湖北教育出版社,2002年。

白裳也。萧翼御史至越，见辩才，云着黄衣大袖如山东举子，用证未软裹曰襕也。《李白像》鹿皮冠，大袖黄袍服，亦其制也。"① 当然，米芾从唐画中学来的黄衣大袖，是否为唐代服饰习惯，我们不得而知，但此记所透露出的米芾钟情唐服的信息却颇有价值。

长期的心理压抑有可能使米芾沾染种种怪癖。然而，全面地考察米芾，以现代心理学和行为科学的理论来剖析米芾的"洁癖"，结论或许并非那样简单。作为社会人存在的米芾，满目满心的累累伤痕和层层污垢一直缠绕着这个极端清高自负的人物，这是他苦痛终生的事。他必须也必然会做出心理上的防备以求解脱。从米芾留下来的书迹可见一斑，如《天衣怀禅师碑》《法华台诗》《方圆庵记》《跋头陀寺碑》《明道观壁记》等。翁方纲在《米海岳年谱》中记载了一段米芾过世前近乎羽化的过程："《志林》云：'米元章晚年学禅有得，知淮阳军，未卒，先一月，作亲朋别书，焚其所好书画奇物，造香楠木棺，饮食坐卧书判其中。前七日，不茹荤，更衣沐浴，焚香清坐而已。及期，遍请郡僚，举拂示众曰："众香国中来，众香国中去。"掷拂合掌而逝。'"② 如此记属实，则米芾对自己之将逝似有预感，是否为学禅有得，我们不得而知，但是米芾临终之前更衣沐浴焚香静坐遍请郡中僚属之举，不同于他人，亦堪称怪异。

作为一个封建官僚，米芾的诋画、爱砚、拜石，都是封建文人的怪癖，并不足取，而且如此过分，大有玩物丧志之嫌。米芾好高骛远，尤其喜欢议论别人，往往谈论别人以己之好恶武断下结论，在朋友和家人面前举止诡异，自诩颇高。其言论时常出现炫耀自大倾向，称"善书者只

---

① 〔北宋〕米芾：《画史》，转引自《米芾集》，湖北教育出版社，2002 年。

② 〔清〕翁方纲：《米海岳年谱》，转引自《米芾集》，湖北教育出版社，2002 年。

有一笔，我独有四面"，自夸之情跃然纸上。

米芾的书论观点基本上以崇晋卑唐为主要特色。但是，他对于唐代书家的贬抑态度无疑有些过激，近乎不近情理以至于过于偏激固执，对柳公权的评价尤其如此，所谓"柳公权师欧不及欧远甚，而为丑怪恶札之祖，自柳出，世始有俗书。"又称"柳与欧为丑怪恶札之祖"，他评徐浩之书："大小一伦，就吏楷也。"评薛稷之字："笔笔如蒸饼……丑怪难状。"他评颜真卿以为"行字可教，真书便入俗品。"他甚至说："欧、虞、褚、柳、颜，皆一体书也，安排费工，岂能垂世？"唐自欧、虞、褚开始，"颠张狂素""颜筋柳骨"皆在其贬抑之列，其所推崇的唐代书家仅唐太宗、沈传师、裴休等少数几人，其余皆难入米芾之法眼。

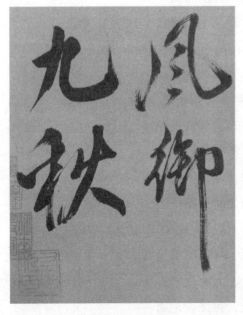

北宋米芾《多景楼诗册》局部

众所周知，唐代是中国古代书法的鼎盛时期，初唐时期，欧阳询自南朝入唐，笔势险劲，影响远达高句丽；虞世南秉承二王书风，妍媚秀挺；褚遂良集初唐书风之大成，号称一代教化之主。"颠张狂素"代表了古代草书的巅峰，"颜筋柳骨"则代表了唐代楷书的最高峰，"颜体"雍容大度，"柳骨"雄劲开阔，均堪称古代书法的佼佼者。至于米芾所推崇的沈传师、裴休等人，其书虽不乏独到之处，然其境界、影响皆逊，难称大家，米芾之审美标准颇有违书法品评之道。或许有人说，这是米芾狂妄自大的结果，笔者以为并不尽然，米芾生性狂妄只是他贬抑前代书家的原因之一，恰如米芾诗文常作奇崛之语，其评书亦是如此，时出惊人之语，旨在彰显自己的与众不同。

至于他在宋徽宗面前的口出狂言，所谓"蔡京不得笔，蔡卞得笔而乏逸韵，蔡襄勒字，杜衍摆字，黄庭坚描字，苏轼画字，臣书刷字。"笔者以为，这正是米芾的高明之处，他深知宋徽宗酷爱书法，自然算准了宋徽宗对他的容忍限度，这种贬低当代书家（不包括宋徽宗在内）的狂妄语言，本身对宋徽宗构不成任何影响，却能增强他在宋徽宗心目中的狂狷形象，既丝毫无损于皇家颜面，而且能为宋徽宗制造爱才惜才的佳话，正可谓一箭双雕，何乐而不为呢？

当然，米芾对前代书家多有褒贬，即便是他曾经奉为圭臬的王羲之、王献之，亦敢叫嚣"一扫二王恶札，光耀皇宋万古"，至于其对唐代诸家的激烈批评，以及他对同期书家的评论暗含讥贬，是他偏激狭隘的个性特征与缺乏一代大家应有的气度和风范的充分表现。

参考文献

1. 黄正雨，王心裁：《米蒂集》，湖北教育出版社，2002 年。

2.〔元〕脱脱：《宋史》，中华书局，2000 年。

3. 沃兴华：《米芾书法研究》，上海古籍出版社，2006 年。

4.〔北宋〕苏轼：《东坡全集》，北京燕山出版社，2009 年。

5. 孔凡礼：《苏轼年谱》，中华书局，1998 年。

6. 刘遵三：《历代书法家述评辑要》，齐鲁书社，1988 年。

7. 刘遵三：《历代书法论文选》，齐鲁书社，1988 年。

8. 陈寅恪：《金明馆丛稿初编》，上海古籍出版社，1980 年。

9. 徐邦达：《历代书画家传记考辨》，上海人民美术出版社，1983 年。

10. 姜澄清：《中国书法思想史》，河南美术出版社，1994 年。